DE ESSENTIËLE GIDS VOOR HET KOKEN VAN ZALM

90 GEGRILDE, GEBAKKEN, GEPOCHEERDE EN GEBRADEN ZALMRECEPTEN

Sebastian Dunne

Alle rechten voorbehouden.

Vrijwaring

De informatie in dit eBook is bedoeld als een uitgebreide verzameling strategieën waar de auteur van dit eBook onderzoek naar heeft gedaan. Samenvattingen, strategieën, tips en trucs worden alleen aanbevolen door de auteur, en het lezen van dit eBook garandeert niet dat iemands resultaten exact de resultaten van de auteur zullen weerspiegelen. De auteur van het eBook heeft alle redelijke inspanningen geleverd om actuele en nauwkeurige informatie aan de lezers van het eBook te verstrekken. De auteur en zijn medewerkers kunnen niet aansprakelijk worden gesteld voor eventuele onopzettelijke fouten of weglatingen. Het materiaal in het eBook kan informatie van derden bevatten. Materiaal van derden omvat de meningen van de eigenaren ervan. Als zodanig aanvaardt de auteur van het eBook geen verantwoordelijkheid of aansprakelijkheid voor materiaal of meningen van derden.

Op het eBook rust copyright © 2023, alle rechten voorbehouden. Het is illegaal om dit eBook geheel of gedeeltelijk te herdistribueren, kopiëren of er afgeleid werk van te maken. Geen enkel deel van dit rapport mag worden gereproduceerd of opnieuw verzonden in welke vorm dan ook zonder de uitdrukkelijke en ondertekende schriftelijke toestemming van de auteur.

INHOUDSOPGAVE

INHOUDSOPGAVE 3
INVOERING 6
1. JAPANSE ZALMKOM 7
2. JAPANSE LUXE TERIYAKI 9
3. ONIGIRI 11
4. JAPANSE ZALM- EN KOMKOMMERHAPJES 13
5. TERIYAKI RAMENKOMMEN 15
6. LUNCHZALMSALADE 18
7. ZALM IN PESTO 20
8. GEROOKTE ZALM EN ROOMKAAS OP TOAST 23
9. GEROOKTE ZALM EN ROOMKAAS OP TOAST 25
10. ZALM OP TOAST MET GEPOCHEERD EI 27
11. ONTBIJTWRAP MET ZALM EN EIEREN 30
12. ROMIGE AARDAPPELZALMBETEN 32
13. DIP VAN GEROOKTE ZALM 34
14. SNACK-ROOKZALMCANAPÉS 36
15. GEBAKKEN ZALMKROKETTEN 38
16. GEBAKKEN ZALMPAKKETJES 40
17. VOORGERECHT MET ZWARTE BONEN EN ZALM 42
18. ZALMROLLETJES 44
19. MAGISCH GEBAKKEN ZALM 46
20. ZALM MET GRANAATAPPEL EN QUINOA 48
21. GEBAKKEN ZALM EN ZOETE AARDAPPELEN 50
22. GEBAKKEN ZALM MET ZWARTE BONENSAUS 53
23. PAPRIKA GEGRILDE ZALM MET SPINAZIE 55
24. ZALMTERIYAKI MET GROENTEN 57
25. ZALM IN AZIATISCHE STIJL MET NOEDELS 60
26. GEPOCHEERDE ZALM IN TOMATEN-KNOFLOOKBOUILLON 62
27. GEPOCHEERDE ZALM 65
28. GEPOCHEERDE ZALM MET GROENE KRUIDENSALSA 67
29. GEPOCHEERDE ZALM MET KLEEFRIJST 69
30. CITRUSZALMFILET 72
31. ZALMLASAGNE 74
32. TERIYAKI ZALMFILETS 77
33. KROKANTE ZALM MET KAPPERTJESDRESSING 79
34. ZALMFILET MET KAVIAAR 81

35. MET ANSJOVIS GEGRILDE ZALMSTEAKS 84
36. BBQ-ROOKGEGRILDE ZALM 86
37. OP HOUTSKOOL GEGRILDE ZALM EN ZWARTE BONEN 88
38. MET VUURWERK GEGRILDE ZALM UIT ALASKA 90
39. GEGRILDE ZALM 92
40. PASTA MET GEGRILDE ZALM EN INKTVISINKT 94
41. ZALM MET GEGRILDE UIEN 96
42. CEDERPLANKZALM 99
43. GEROOKTE KNOFLOOKZALM 101
44. GEGRILDE ZALM MET VERSE PERZIKEN.. 103
55. SALADE VAN GEGRILDE ZALM MET GEMBER 105
56. GEGRILDE ZALM MET VENKELSALADE 108
57. GEGRILDE ZALM MET AARDAPPEL EN WATERKERS 110
58. ZALMVINA OLKI.. 113
59. KEBABS MET ZALM EN BOLETUS 115
60. GEGRILDE WILDE KONINGSZALM 117
61. ZALMSTEAKS MET AHORNSIROOP 119
62. ZALM- EN MAÏSSOEP... 121
63. MET DILLE GEZOUTEN ZALM.. 123
64. GEBAKKEN VERSE ATLANTISCHE ZALM 125
65. GEGRILDE ZALM MET PANCETTA 127
66. PITTIGE KOKOSBOUILLON MET ZALM 129
67. COLUMBIA RIVER CHINOOK 131
68. IN DE OVEN GEROOSTERDE ZALM EN GROENTEN........................ 133
69. GEGLAZUURDE ZALM MET SOJA EN HONING 135
70. PITTIGE ZALM- EN NOEDELSOEP 137
71. GEPOCHEERDE ZALM MET GROENE KRUIDENSALSA..................... 139
72. HONINGMOSTERD GEGLAZUURDE ZALM 141
73. MIERIKSWORTELZALM.. 143
74. WARME ZALM- EN AARDAPPELSALADE 145
75. ZALM UIT ÉÉN POT MET RIJST EN ERWTEN 147
76. KNOFLOOKGEROOSTERDE ZALM MET TOMATEN EN UIEN 149
77. GEBAKKEN ZALM MET ZWARTE BONENSAUS 151
78. ZALMVISKOEKJES MET PLANTAARDIGE RIJST.............................. 153
79. SOJA-GEMBERZALM 156
80. ZALM MET CHILI-KOKOSSAUS... 158
81. PAPRIKA GEGRILDE ZALM MET SPINAZIE 160
82. ZALMTERIYAKI MET GROENTEN 162

83. Gegrilde zalm met verse perziken 165
84. Zalm met romige pesto 167
85. Salade van zalm en avocado 169
86. Zalmgroentesoep 171
87. Romige pasta met gerookte zalm 173
88. Zwartgeblakerde zalm met gemengde groenterijst 175
89. Gemberzalm met honingmeloensalsa 178
90. Zalm in Aziatische stijl met noedels 180
91. Citroenrijst met gebakken zalm 182
92. Pastasalade met zalm en avocado uit Alaska 185
93. Sandwich met zalmsalade uit Alaska 187
94. Gerookte zalm, komkommer en pastasalade 189
95. Gekarameliseerde zalm over een warme aardappelsalade 191
96. Salade van gestolde zalm 193
97. Koele zalmliefhebberssalade 195
98. Salade met dillezalm 197
99. Zalm met knapperige kruiden en Oosterse salade 200
100. Salade van eilandzalm 202
CONCLUSIE **204**

INVOERING

Zalm is een vette vis die doorgaans wordt geclassificeerd op basis van de oceaan waarin hij zich bevindt. In de Stille Oceaan worden ze beschouwd als onderdeel van het geslacht Oncorhynchus, en in de Atlantische Oceaan behoren ze tot het geslacht Salmo. Er is slechts één migrerende Atlantische soort, maar er bestaan vijf soorten Pacifische zalm: Chinook (of koning), sockeye (of rood), coho (of zilver), roze en chum.

De vitamine B12 in zalm zorgt ervoor dat bloed- en zenuwcellen neuriën en helpt je DNA aan te maken. Maar voor uw gezondheid is de ware schoonheid van zalm de rijkdom aan omega-3-vetzuren. De meeste omega-3 vetzuren zijn 'essentiële' vetzuren. Je lichaam kan ze niet maken, maar ze spelen een cruciale rol in je lichaam.

1. Japanse Zalmkom

Portiegrootte: 4

Ingrediënten:

- Chilisaus, een theelepel
- Sojasaus, een theelepel
- Rijst, twee kopjes
- Sesamolie, één eetlepel
- Gember, twee eetlepels
- Zout en peper naar smaak
- Sesamzaad, een theelepel
- Azijn, een theelepel
- Geraspte nori, zoals vereist
- Zalm, half pond
- Geraspte kool, één kopje

Routebeschrijving:

a) Doe de rijst, drie kopjes water en een halve theelepel zout in een grote pan, breng aan de kook en kook gedurende vijftien minuten of tot het water is opgenomen.

b) Doe de azijn, sojasaus, chilisaus, sesamolie, sesamzaadjes en gember in een kom en meng goed.

c) Voeg de zalm toe en roer voorzichtig totdat deze volledig bedekt is.

d) Doe de geraspte kool en de sesamolie in een kom en meng tot alles goed gemengd is.

e) Doe in elke kom een grote lepel rijst, voeg de kool toe en knijp de mayonaise erover uit.

2. Japanse luxe teriyaki

Ingrediënten
- 2 pond zalm
- 3 Eetlepels gehakte groene uien
- 2 Eetlepels zwarte en witte sesamzaadjes
- ½ kopje extra vergine olijfolie
- Teriyaki-saus
- 4 Eetlepels sojasaus
- 1 kopje mirin
- 2 ½ kopje. Suiker

Routebeschrijving
a) Maak de teriyakisaus door alle ingrediënten onder de kop in een pan te doen en op laag vuur te koken tot het dikker wordt. Haal van het vuur en laat afkoelen

b) Giet wat olie in een koekenpan met anti-aanbaklaag en plaats de zalm daarin. bedek de koekenpan en kook de zalm op matig vuur tot hij gelijkmatig bruin is.

c) Verdeel het gerecht over een schaal en sprenkel de teriyakisaus erover

d) En garneer met witte sesamzaadjes en gehakte groene uien

3. Onigiri

Portiegrootte: 3

Ingrediënten:
- Nori-blad, zoals vereist
- Umeboshi, één
- Sojasaus, halve theelepels
- Mirin, halve theelepels
- Tonijn, één kopje
- Japanse mayonaise, twee eetlepels
- Gezouten zalm, één stuk
- Gekookte rijst, twee kopjes

Routebeschrijving:

a) Kook de rijst volgens uw rijstkoker of als u geen rijstkoker heeft, volg dan de aanwijzingen hier.
b) Doe de gekookte rijst in een aparte kom om af te koelen.
c) Bereid alle vullingen voor die u gaat gebruiken en zet opzij.
d) Maak een zeewierblad klaar.
e) Plaats vershoudfolie over een rijstkom.
f) Plaats een deel van de gekookte rijst in het midden van de vershoudfolie.
g) Doe ongeveer 1 theelepel umeboshi in het midden van de rijst en bedek het geheel met de rijst.
h) Wikkel het huishoudfolie over de rijst en knijp en vorm de rijst met je handen in een driehoekige vorm.
i) Verwijder het huishoudfolie en bedek de onderkant van de rijstdriehoek met een norivel.
j) Je gerecht is klaar om geserveerd te worden.

4. Japanse zalm- en komkommerhapjes

Ingrediënten
- 1 komkommer. Stoutmoedig gesneden
- ½ pond zalmfilet
- 1 ¼ theelepel sojasaus
- 2 Eetlepels lente-uitjes. Fijngehakt
- 1 theelepel mirin
- 1 Ichimi togarashi (Japanse chilipeper)
- 1 theelepel sesamolie
- ½ theelepel zwarte sesamzaadjes

Routebeschrijving
a) Meng de zalm, sojasaus, lente-uitjes, sesamolie en mirin in een kleine mengkom.

b) Leg de plakjes komkommer op een schaal, schep er een bolletje zalm op en besprenkel de resterende lente-ui en sesamzaadjes

5. Teriyaki ramenkommen

Porties: 6

Ingrediënten
- 1 1/2 lbs zalmfilets, zonder vel en zonder been, zout en zwarte peper
- 5 eetlepels teriyakimarinade
- plantaardige olie, om te wrijven
- 2 eetlepels rode wijnazijn
- 1/4 C. zoete chilisaus
- 6 eetlepels Aziatische vissaus
- 3 eetlepels verse gember, geraspt
- 1 pond soba-noedels
- 1 eetlepel instantbouillonkorrels
- 1/2 C. lente-ui, in dunne plakjes gesneden
- 1 1/2 C. Spinazie
- 1 eetlepel sesamzaadjes, geroosterd

Routebeschrijving
a) Strooi wat zout en peper over de zalmfilets.
b) Neem een grote ritssluitingszak: doe hierin de zalmfilets met de teriyakimarinade. Sluit de zak en schud hem om hem te coaten. Zo maak je de chilisaus:
c) Neem een kleine mengkom: Meng hierin de azijn, chilisaus, vissaus en gember. Leg het opzij.
d) Bereid de noedels volgens de aanwijzingen op de verpakking, zonder het kruidenpakket.
e) Haal de zalmfilets uit de marinade en bestrijk ze met wat olie.
f) Zet een grote pan op middelhoog vuur en verwarm deze wel. Bak hierin de zalmfilet 3 tot 4 minuten aan elke kant.
g) Voeg de helft van de zalmmarinade toe aan de pan en bestrijk ze ermee.
h) Zet ze opzij en laat ze 6 minuten rusten.

i) Snij de zalm in stukjes en voeg de spinazie toe met een snufje zout en peper. Kook ze 2 tot 3 minuten.
j) Zet een grote pan op middelhoog vuur. Kook er 6 C water in tot ze beginnen te koken. Voeg het bouillonpoeder en de stukjes witte bosui toe.
k) Zet het vuur lager en zet de pan opzij om de bouillon te maken.
l) Giet de noedels af en doe ze in serveerschalen. Giet er de hete bouillon over en leg er de zalmfilets op. Genieten.

6. Lunchzalmsalade

Porties: 3

Ingrediënten:
- 1 kopje ingeblikte zalm, in vlokken
- 1 eetlepel citroensap
- 3 eetlepels vetvrije yoghurt
- 2 eetlepels rode paprika, gehakt
- 1 theelepel kappertjes, uitgelekt en fijngehakt
- 1 eetlepel rode ui, gehakt
- 1 theelepel dille, gehakt
- Een snufje zwarte peper
- 3 sneetjes volkorenbrood

Routebeschrijving:
a) Meng de zalm in een kom met het citroensap, de yoghurt, de paprika, de kappertjes, de ui, de dille en de zwarte peper en roer goed.
b) Verdeel dit over elk sneetje brood en serveer als lunch.

7. Zalm in Pesto

Opbrengst: 4 porties

Ingrediënten
- 4 (3-ounce) zalmfilets zonder vel
- 1 bos asperges, uiteinden verwijderd
- 2 theelepels olijfolie
- 1/2 theelepel zwarte peper, verdeeld
- 4 theelepels vers citroensap, verdeeld
- 1 pint druiventomaten, gehalveerd

PESTO
- 1/2 kop verpakte verse basilicumblaadjes
- 1 theelepel rauwe gepelde zonnebloempitten
- 1 eetlepel geraspte Parmezaanse kaas
- 1 teentje knoflook, gehakt
- 1/16 theelepel zout
- 1/16 theelepel zwarte peper
- 2 eetlepels olijfolie

Routebeschrijving:

a) Verwarm de oven voor op 400 graden Fahrenheit. 4 x 14-inch stroken aluminiumfolie

b) Maak de pestosaus. Combineer basilicum, zonnebloempitten, Parmezaanse kaas, knoflook, zout en 1/16 theelepel peper in een keukenmachine.

c) Pulseer totdat alle ingrediënten zijn opgenomen en de basilicum grof gehakt is. Sprenkel 2 eetlepels olijfolie door het mengsel terwijl de keukenmachine werkt tot de saus glad is.

d) Voeg 2 theelepels olijfolie en 1/4 theelepel peper toe aan de asperges en meng goed. Kruid de zalm aan beide kanten met de resterende 1/4 theelepel peper.

e) Leg een kwart van de asperges op een vel aluminiumfolie. 1 zalmfilet erop. Druppel 1 theelepel citroensap over de vis en verdeel er 1 eetlepel pesto over.

f) Bestrijk de zalm met 1/4 kopje gehalveerde tomaten. Wikkel de folie rond de zijkanten, rol de randen op, knijp ze en laat een luchtruimte aan de bovenkant van het pakketje.

g) Herhaal dit met de overige ingrediënten om in totaal vier zalmpakketjes te maken.

h) Leg ze naast elkaar op de bakplaat en bak 15-18 minuten, of tot de zalm gaar is. Genieten!

8. Gerookte zalm en roomkaas op toast

Ingrediënten:
- 8 sneetjes stokbrood of roggebrood
- ½ kopje roomkaas verzacht
- 2 Eetlepels witte ui, in dunne plakjes gesneden
- 1 kopje gerookte zalm, in plakjes gesneden
- ¼ kopje boter, ongezouten variant
- ½ theelepel Italiaanse kruiden
- Dilleblaadjes, fijngehakt
- Zout en peper naar smaak

Routebeschrijving:

a) Smelt de boter in een kleine koekenpan en voeg geleidelijk Italiaanse kruiden toe. Verdeel het mengsel over de sneetjes brood.
b) Rooster ze een paar minuten met een broodrooster.
c) Smeer wat roomkaas op het geroosterde brood. Beleg vervolgens met gerookte zalm en dunne plakjes rode ui. Herhaal het proces totdat alle geroosterde sneetjes brood zijn gebruikt.
d) Schep het geheel op een serveerschaal en garneer er fijngehakte dilleblaadjes bovenop.

9. Gerookte zalm en roomkaas op toast

Porties: 5 porties

Ingrediënten
- 8 sneetjes stokbrood of roggebrood
- ½ kopje roomkaas verzacht
- 2 Eetlepels witte ui, in dunne plakjes gesneden
- 1 kopje gerookte zalm, in plakjes gesneden
- ¼ kopje boter, ongezouten variant
- ½ theelepel Italiaanse kruiden
- Dilleblaadjes, fijngehakt
- Zout en peper naar smaak

Routebeschrijving:
a) Smelt de boter in een kleine koekenpan en voeg geleidelijk Italiaanse kruiden toe. Verdeel het mengsel over de sneetjes brood.
b) Rooster ze een paar minuten met een broodrooster.
c) Smeer wat roomkaas op het geroosterde brood. Beleg vervolgens met gerookte zalm en dunne plakjes rode ui. Herhaal het proces totdat alle geroosterde sneetjes brood zijn gebruikt.
d) Schep het geheel op een serveerschaal en garneer er fijngehakte dilleblaadjes bovenop.

10. Zalm op toast met gepocheerd ei

Ingrediënten
- 2 zalmfilets
- 1 bos asperges, geschild
- 2 dikke sneetjes geroosterd zuurdesembrood, vers gesneden
- 2 vrije uitloop eieren

Routebeschrijving:
a) Haal de filets uit de buitenzak en plaats de filets (terwijl ze bevroren zijn en nog steeds in individuele zakjes) in een pan en bedek ze met koud water. Breng aan de kook en laat 15 minuten zachtjes koken.
b) Haal de zalmfilets als ze gaar zijn uit de zakjes en leg ze op een bord terwijl je het gerecht in elkaar zet.
c) Terwijl de zalm kookt, maak je de hollandaise. Zet een hittebestendige glazen kom boven een pan die je voor de helft met water hebt gevuld en breng op een laag vuur zachtjes aan de kook. Smelt nu de boter in een aparte kleine pan en haal dan van het vuur.
d) Doe de gescheiden eidooiers in de kom boven het warme water en begin te kloppen, terwijl je geleidelijk witte wijnazijn toevoegt. Blijf kloppen terwijl je de gesmolten boter toevoegt. Het mengsel zal samen een heerlijk gladde, dikke saus vormen. Voeg een paar scheutjes citroensap toe als de saus te dik lijkt. Licht op smaak brengen met een beetje zout en wat versgemalen zwarte peper.
e) Vul een pan met kokend water uit de waterkoker en breng op middelhoog vuur zachtjes aan de kook, voeg een snufje zeezout toe. Breek de eieren afzonderlijk in kopjes en roer het water om het in beweging te krijgen voordat u de eieren één voor één toevoegt.
f) Laat koken – 2 minuten voor een zacht ei, 4 minuten voor een steviger ei. Haal het uit de pan met een schuimspaan om uit te lekken. Doe vervolgens acht stengels asperges in de pan met kokend water en kook ze in 1 - $1\frac{1}{2}$ minuut tot ze net gaar zijn. Leg ondertussen de toast erop om te koken.
g) Beboter de toast en beleg met de asperges, vervolgens het gepocheerde ei, een lepel of twee hollandaise en ten slotte de gepocheerde zalmfilet.
h) Breng op smaak met een beetje zeezout en gemalen zwarte peper en eet meteen!

11. Ontbijtwrap met zalm en ei

Serveert: 1
Ingrediënten
- 2 grote Britse leeuweneieren, geslagen
- 1 Eetlepels gehakte verse dille of bieslook
- Een snufje zout en versgemalen zwarte peper
- Een scheutje olijfolie
- 2 Eetlepels vetvrije Griekse yoghurt
- Een beetje geraspte schil en een scheutje citroensap
- 40 g gerookte zalm, in reepjes gesneden
- Een handvol waterkers, spinazie en rucolasalade

Routebeschrijving:
a) Klop in een kom de eieren, kruiden, zout en peper. Verhit een koekenpan met antiaanbaklaag, voeg de olie toe, giet de eieren erin en kook gedurende een minuut of tot het ei bovenop net gestold is.

b) Draai om en bak nog een minuut tot de bodem goudbruin is. Breng over naar een bord om af te koelen.

c) Meng de yoghurt met de citroenschil en het sap en flink wat gemalen zwarte peper. Verdeel de gerookte zalm over de eierwrap, beleg met de blaadjes en besprenkel met het yoghurtmengsel.

d) Rol de eierverpakking op en wikkel deze in papier om te serveren.

12. Romige Aardappel Zalm Bites

Porties: 10 porties

Ingrediënten:
- 20 kleine rode aardappelen
- 200 gram gerookte zalm, in hapklare stukjes gesneden
- 1 kopje zure room
- 1 middelgrote witte ui, fijngehakt
- Zout en peper naar smaak
- Verse dilleblaadjes, fijngehakt

Routebeschrijving:
a) Breng een grote pan water aan de kook en voeg 2 eetlepels zout toe aan de pan. Doe de aardappelen in de pan en kook 8-10 minuten of tot de aardappelen gaar zijn.
b) Vis de aardappelen onmiddellijk uit de pot en doe ze in een kom. Giet er koud water overheen om het kookproces te stoppen. Laat goed uitlekken en zet opzij.
c) Meng de rest van de ingrediënten in een middelgrote kom. Laat het 5-10 minuten in de koelkast afkoelen.
d) Snijd de krieltjes doormidden en schraap een deel van het midden van de aardappelen weg. Doe het uitgeschepte aardappelvlees in het gekoelde romige mengsel. Combineer goed met de overige ingrediënten.
e) Garneer de aardappelen met het romige mengsel met behulp van een theelepel of een spuitzak.
f) Bestrooi voor het serveren met nog meer fijngehakte dilleblaadjes.

13. Gerookte zalmdip

Porties: 4 porties

Ingrediënten:
- 1 kopje gerookte zalm, gehakt
- 1 kopje roomkaas, kamertemperatuur
- ½ kopje zure room, variant met verlaagd vetgehalte
- 1 Eetlepels citroensap, vers geperst
- 1 Eetlepels bieslook of dille, gehakt
- ½ theelepel hete saus
- Zout en peper naar smaak
- Franse stokbroodplakken of dunne tarwecrackers om te serveren

Routebeschrijving:
a) Doe de roomkaas, zure room, citroensap en hete saus in een keukenmachine of elektrische mixer. Pureer het mengsel tot een gladde massa.
b) Breng het mengsel over in een container. Voeg de gehakte gerookte zalm en de gehakte bieslook toe en meng goed.
c) Zet het mengsel een uur in de koelkast en garneer vervolgens met nog meer gehakte bieslook. Serveer de gekoelde zalmspread met plakjes stokbrood of dunne crackers.

14. Snack-rookzalmcanapés

Opbrengst: 1 portie

Ingrediënt
- 6 ons Roomkaas (verzacht)
- 25 Canapés basissen peterselie
- 2 theelepels Bereide mosterd
- 4 ons gerookte zalm

Routebeschrijving:

a) Meng roomkaas en mosterd; Verdeel een deel van het mengsel dun over de canapébodems.

b) Leg een stuk zalm op elke canapé, bedek met een klein beetje van het resterende mengsel, of spuit indien gewenst al het roomkaasmengsel rond de bodem.

c) Bestrijk elk gerecht met een takje peterselie.

15. Gebakken zalmkroketten

Opbrengst: 6 porties

Ingrediënt
- 2 eetlepels boter; verzacht
- 1½ pond Verse zalm; gekookt
- 2 kopjes Vers broodkruimels
- 1 eetlepel lente-ui
- 1 eetlepel verse dille; geknipt
- ½ Citroen; schil van, geraspt
- 1 ei
- 1 kopje zware room
- ½ theelepel zout
- ½ kopje zure room
- Kaviaar
- Citroen partjes

Routebeschrijving:
a) Doe de vlokken zalm in een kom.
b) Voeg ¾ kopje broodkruimels, de lente-ui, dille, citroenschil, ei en room toe. Meng voorzichtig met een vork. Breng op smaak met zout, peper en cayennepeper. Bestrijk met de resterende eetlepels boter.
c) Schik de kopjes in een braadslede. Giet er voldoende heet water in tot halverwege de zijkanten van de schaaltjes. Bak tot het redelijk stevig en hard is, ongeveer 30 minuten.
d) Koel gedurende 5 tot 10 minuten.
e) De kroketten kunnen uit de vorm worden gehaald, met de goede kant naar boven, of worden geserveerd in de schaaltjes. Bestrijk elke kroket met zure room en kaviaar, of garneer eenvoudigweg met citroen.

16. Gebakken zalmpakketjes

Opbrengst: 4 porties
Ingrediënt
- 4 Zalmfilets
- 4 theelepels Boter
- 8 takjes tijm, vers
- 8 takjes peterselie, vers
- 4 teentjes knoflook, fijngehakt
- 4 eetlepels Witte wijn, droog
- ½ theelepel zout
- ½ theelepel Zwarte peper, gemalen

Routebeschrijving:
a) Verwarm de oven voor op 400 graden. Leg 4 grote stukken folie op een werkoppervlak, met de glanzende kant naar beneden. Spuit de binnenkant in met groentekookspray. Leg op elk stuk folie een visfilet. Verdeel de tijm, peterselie, knoflook, zout, peper en wijn gelijkmatig over de vis.

b) Bestrijk elke filet met een theelepel boter en vouw de randen stevig dicht. Leg de pakketjes op een bakplaat en bak ze 10-12 minuten. Leg de pakketjes op borden en open ze voorzichtig.

17. Voorgerecht van zwarte bonen en zalm

Ingrediënt
- 8 maïstortilla's;
- 16 ons maïs zwarte bonen;
- 7 ons roze zalm
- 2 eetlepels Saffloerolie
- $\frac{1}{4}$ kopje Vers limoensap
- $\frac{1}{4}$ kopje verse peterselie; gehakt
- $\frac{1}{2}$ theelepel uienpoeder
- $\frac{1}{2}$ theelepel Selderijzout
- $\frac{3}{4}$ theelepel Gemalen komijn
- $\frac{3}{4}$ theelepel knoflook; gehakt
- $\frac{1}{2}$ theelepel limoenschil; geraspt
- $\frac{1}{4}$ theelepel rode pepervlokken; droog
- $\frac{1}{4}$ theelepel chilipeper;

Routebeschrijving:

a) Verwarm de oven voor op 350 graden. Snijd de tortilla's in driehoeken en rooster ze in de oven tot ze knapperig zijn, ongeveer 5 minuten.

b) Meng de bonen en de zalm en pel de zalm met een vork.

c) Meng de resterende ingrediënten; koel om smaken te mengen. Serveer met tortillachips

18. Zalm rolletjes

Opbrengst: 6 porties
Ingrediënt
- 6 Gerookte zalm; dun gesneden
- 1 Bereid brooddeeg
- 1 ei; geslagen
- Groene ui; fijn gesneden
- Vers gemalen peper

Routebeschrijving:

a) Rol het voorbereide deeg na het ontdooien uit tot een cirkel van 9 inch.

b) Bedek de bovenkant met reepjes zalm en voeg kruiden toe.

c) Snijd de cirkel in wigvormige stukken en rol ze strak op, beginnend bij de buitenrand. Bestrijk de rol met het losgeklopte ei en bak op 425°C gedurende ongeveer 15 minuten.

d) Serveer warm als voorgerecht of bij de lunch.

19. Magische gebakken zalm

Maakt 1 portie

Ingrediënten
- 1 zalmfilet
- 2 theelepels Salmon Magic
- Ongezouten boter, gesmolten

Routebeschrijving
a) Verwarm de oven tot 450 F.
b) Bestrijk de boven- en zijkanten van de zalmfilet lichtjes met gesmolten boter. Bestrijk een kleine bakplaat lichtjes met gesmolten boter.
c) Kruid de boven- en zijkanten van de zalmfilet met de Salmon Magic. Als de filet dik is, gebruik dan wat meer Salmon Magic. Druk de kruiden er voorzichtig in.
d) Leg de filet op de bakplaat en bak tot de bovenkant goudbruin is en de filet net gaar is. Om vochtige, roze zalm te krijgen, mag u hem niet te gaar maken. Serveer onmiddellijk.
e) Kooktijd: 4 tot 6 minuten.

20. Zalm met Granaatappel en Quinoa

Porties: 4 porties

Ingrediënten
- 4 zalmfilets, zonder vel
- ¾ kopje granaatappelsap, suikervrij (of variant met een laag suikergehalte)
- ¼ kopje sinaasappelsap, suikervrij
- 2 eetlepels sinaasappelmarmelade/jam
- 2 Eetlepels knoflook, fijngehakt
- Zout en peper naar smaak
- 1 kopje quinoa, gekookt volgens verpakking
- Enkele takjes koriander

Routebeschrijving:

a) Meng granaatappelsap, sinaasappelsap, sinaasappelmarmelade en knoflook in een middelgrote kom. Breng op smaak met peper en zout en pas de smaak aan naar eigen voorkeur.

b) Verwarm de oven voor op 400F. Vet de ovenschaal in met zachte boter. Leg de zalm op de bakvorm en laat een ruimte van 2,5 cm vrij tussen de filets.

c) Kook de zalm gedurende 8-10 minuten. Haal vervolgens de pan voorzichtig uit de oven en giet het granaatappelmengsel erin. Zorg ervoor dat de bovenkant van de zalm gelijkmatig bedekt is met het mengsel. Zet de zalm terug in de oven en bak nog 5 minuten of tot hij volledig gaar is en het granaatappelmengsel goudbruin is geworden.

d) Terwijl de zalm kookt, bereid je de quinoa. Kook 2 kopjes water op middelhoog vuur en voeg de quinoa toe. Kook gedurende 5-8 minuten of tot het water is opgenomen. Zet het vuur uit, maak de quinoa los met een vork en doe de deksel er weer op. Laat de overgebleven warmte de quinoa nog 5 minuten koken.

e) Doe de met granaatappel geglazuurde zalm in een serveerschaal en strooi er wat vers gehakte koriander over. Serveer de zalm met quinoa.

21. Gebakken zalm en zoete aardappelen

Porties: 4 porties

Ingrediënten
- 4 zalmfilets, vel verwijderd
- 4 middelgrote zoete aardappelen, geschild en in plakjes van 2,5 cm dik gesneden
- 1 kop broccoliroosjes
- 4 eetlepels pure honing (of ahornsiroop)
- 2 eetlepels sinaasappelmarmelade/jam
- 1 verse gemberknop van 1 inch, geraspt
- 1 theelepel Dijon-mosterd
- 1 Eetlepels sesamzaadjes, geroosterd
- 2 eetlepels ongezouten boter, gesmolten
- 2 theelepels sesamolie
- Zout en peper naar smaak
- Lente-uitjes/lente-uitjes, vers gesneden

Routebeschrijving:

a) Verwarm de oven voor op 400F. Vet de bakvorm in met gesmolten ongezouten boter.

b) Doe de gesneden zoete aardappelen en broccoliroosjes in de pan. Breng het geheel op smaak met zout, peper en een theelepel sesamolie. Zorg ervoor dat de groenten lichtjes bedekt zijn met sesamolie.

c) Bak de aardappelen en broccoli gedurende 10-12 minuten.

d) Terwijl de groenten nog in de oven staan, maak je het zoete glazuur klaar. Voeg in een mengkom de honing (of ahornsiroop), sinaasappeljam, geraspte gember, sesamolie en mosterd toe.

e) Haal de bakvorm voorzichtig uit de oven en spreid de groenten opzij om ruimte te maken voor de vis.

f) Kruid de zalm lichtjes met zout en peper.

g) Leg de zalmfilets in het midden van de bakvorm en giet het zoete glazuur over de zalm en de groenten.

h) Zet de pan terug in de oven en bak nog eens 8-10 minuten of tot de zalm gaar is.

i) Doe de zalm, zoete aardappelen en broccoli in een mooie serveerschaal. Garneer met sesamzaadjes en lente-uitjes.

22. Gebakken zalm met zwarte bonensaus

Porties: 4 porties

Ingrediënten
- 4 zalmfilets, vel en graatjes verwijderd
- 3 eetlepels zwarte bonensaus of zwarte bonen knoflooksaus
- ½ kopje kippenbouillon (of groentebouillon als gezonder alternatief)
- 3 eetlepels knoflook, fijngehakt
- 1 verse gemberknop van 1 inch, geraspt
- 2 eetlepels sherry of sake (of andere kookwijn)
- 1 Eetlepels citroensap, vers geperst
- 1 Eetlepels vissaus
- 2 Eetlepels bruine suiker
- ½ theelepel rode chilivlokken
- Verse korianderblaadjes, fijngehakt
- Lente-ui als garnering

Routebeschrijving:

a) Vet een grote bakvorm in of bekleed deze met bakpapier. Verwarm de oven voor op 350F.

b) Combineer kippenbouillon en zwarte bonensaus in een middelgrote kom. Voeg gehakte knoflook, geraspte gember, sherry, citroensap, vissaus, bruine suiker en chilivlokken toe. Meng grondig totdat de bruine suiker volledig is opgelost.

c) Giet de zwarte bonensaus over de zalmfilets en laat de zalm minimaal 15 minuten het zwarte bonenmengsel volledig opnemen.

d) Breng de zalm over naar de ovenschaal. Kook gedurende 15-20 minuten. Zorg ervoor dat de zalm niet te droog wordt in de oven.

e) Serveer met gehakte koriander en lente-ui.

23. Paprika Gegrilde Zalm Met Spinazie

Porties:6 porties

Ingrediënten
- 6 roze zalmfilets, 2,5 cm dik
- ¼ kopje sinaasappelsap, vers geperst
- 3 theelepels gedroogde tijm
- 3 eetlepels extra vergine olijfolie
- 3 theelepels zoete paprikapoeder
- 1 theelepel kaneelpoeder
- 1 Eetlepels bruine suiker
- 3 kopjes spinazieblaadjes
- Zout en peper naar smaak

Routebeschrijving:
a)   Bestrijk de zalmfilets aan elke kant licht met wat olijfolie en breng op smaak met paprikapoeder, zout en peper. Zet 30 minuten op kamertemperatuur weg. De zalm de paprikarub laten absorberen.
b)   Meng in een kleine kom het sinaasappelsap, de gedroogde tijm, het kaneelpoeder en de bruine suiker.
c)   Verwarm de oven voor op 400F. Breng de zalm over naar een met folie beklede bakvorm. Giet de marinade bij de zalm. Kook de zalm gedurende 15-20 minuten.
d)   Voeg in een grote koekenpan een theelepel extra vergine olijfolie toe en kook de spinazie ongeveer een paar minuten of tot ze geslonken is.
e)   Serveer de gebakken zalm met spinazie apart.

24. Zalmteriyaki met groenten

Porties: 4 porties

Ingrediënten
- 4 zalmfilets, vel en graatjes verwijderd
- 1 grote zoete aardappel (of gewoon aardappel), in hapklare stukjes gesneden
- 1 grote wortel, in hapklare stukjes gesneden
- 1 grote witte ui, in partjes gesneden
- 3 grote paprika's (groen, rood en geel), gehakt
- 2 kopjes broccoliroosjes (kan worden vervangen door asperges)
- 2 Eetlepels extra vergine olijfolie
- Zout en peper naar smaak
- Lente-uitjes, fijngehakt
- Teriyaki-saus
- 1 kopje water
- 3 Eetlepels sojasaus
- 1 Eetlepels knoflook, fijngehakt
- 3 eetlepels bruine suiker
- 2 Eetlepels pure honing
- 2 eetlepels maïszetmeel (opgelost in 3 eetlepels water)
- ½ Eetlepels geroosterde sesamzaadjes

Routebeschrijving:
a) Klop in een kleine koekenpan de sojasaus, gember, knoflook, suiker, honing en water op laag vuur. Roer voortdurend totdat het mengsel langzaam kookt. Roer het maïzenawater erdoor en wacht tot het mengsel dikker wordt. Voeg de sesamzaadjes toe en zet opzij.
b) Vet een grote ovenschaal in met ongezouten boter of kookspray. Verwarm de oven voor op 400F.
c) Doe alle groenten in een grote kom en besprenkel met olijfolie. Meng goed totdat de groenten goed bedekt zijn met olie. Breng op smaak met versgemalen peper en een beetje zout. Breng de groenten over naar de ovenschaal. Verdeel de

groenten naar de zijkanten en laat wat ruimte vrij in het midden van de ovenschaal.
d) Leg de zalm in het midden van de ovenschaal. Giet 2/3 van de teriyakisaus bij de groenten en zalm.
e) Bak de zalm gedurende 15-20 minuten.
f) Doe de gebakken zalm en geroosterde groenten op een mooie serveerschaal. Giet de resterende teriyakisaus erbij en garneer met gehakte lente-uitjes.

25. Zalm op Aziatische wijze met noedels

Porties: 4 porties
Ingrediënten
Zalm
- 4 zalmfilets, vel verwijderd
- 2 Eetlepels geroosterde sesamolie
- 2 Eetlepels pure honing
- 3 eetlepels lichte sojasaus
- 2 Eetlepels witte azijn
- 2 Eetlepels knoflook, fijngehakt
- 2 Eetlepels verse gember, geraspt
- 1 theelepels geroosterde sesamzaadjes
- Gesnipperde lente-ui ter garnering

Rijst noedels
- 1 pakje Aziatische rijstnoedels

Saus
- 2 Eetlepels vissaus
- 3 eetlepels limoensap, vers geperst
- Chili vlokken

Routebeschrijving:

a)   Meng voor de zalmmarinade sesamolie, sojasaus, azijn, honing, gehakte knoflook en sesamzaadjes. Giet het mengsel bij de zalm en laat de vis 10-15 minuten marineren.

b)   Leg de zalm in een ovenschaal, die licht ingevet is met olijfolie. Kook gedurende 10-15 minuten in 420F.

c)   Terwijl de zalm in de oven staat, kook je de rijstnoedels volgens de aanwijzingen op de verpakking. Laat goed uitlekken en doe het in individuele kommen.

d)   Meng de vissaus, het limoensap en de chilivlokken en giet dit bij de rijstnoedels.

e)   Beleg elke noedelkom met versgebakken zalmfilets. Garneer met lente-uitjes en sesamzaadjes.

26. Gepocheerde zalm in tomaten-knoflookbouillon

Serveert 4

Ingrediënten
- 8 teentjes knoflook
- sjalotten
- theelepels extra vergine olijfolie
- 5 rijpe tomaten
- 1 1/2 kopjes droge witte wijn
- 1 kopje water
- 8 takjes tijm 1/4 theelepel zeezout
- 1/4 theelepel verse zwarte peper
- 4 Copper River Sockeye Zalmfilets witte truffelolie

(optioneel)

Routebeschrijving

a) Pel de knoflookteentjes en de sjalotjes en snij ze grof. Doe de olijfolie, knoflook en sjalotjes in een grote braadpan of sauteerpan met deksel. Zweet op middelhoog vuur tot het zacht is, ongeveer 3 minuten.

b) Doe de tomaten, wijn, water, tijm, zout en peper in de pan en breng aan de kook. Zodra het kookt, zet je het vuur lager en dek je af.

c) Laat 25 minuten sudderen tot de tomaten barsten en hun sappen vrijkomen. Verpletter de tomaten met een houten lepel of spatel tot pulp. Laat nog 5 minuten onafgedekt sudderen tot de bouillon iets is ingekookt.

d) Terwijl de bouillon nog kookt, doe je de zalm in de bouillon. Dek af en pocheer slechts 5 tot 6 minuten totdat de vis gemakkelijk schilfert. Leg de vis op een bord en zet apart. Plaats een zeef in een grote kom en giet de resterende bouillon in de zeef. Zeef de bouillon en gooi de overgebleven vaste stoffen weg. Proef de bouillon en voeg eventueel zout en peper toe.

e) Simpele aardappelpuree met boter of zelfs geroosterde aardappelen zijn een goede kant bij deze maaltijd. Beleg vervolgens met gebakken asperges en de gepocheerde zalm.

f) Giet de gezeefde bouillon rond de zalm. Voeg indien gewenst een scheutje witte truffelolie toe. Dienen.

27. Gepocheerde zalm

Ingrediënten
- Kleine zalmfilets, ongeveer 6 ons

Routebeschrijving
a) Doe ongeveer een halve centimeter water in een kleine koekenpan van 15-15 cm, dek deze af, verwarm het water om te laten sudderen en plaats de filet afgedekt gedurende vier minuten.
b) Voeg welke kruiden je maar wilt toe aan de zalm of aan het water.
c) De vier minuten laten het midden ongekookt en zeer sappig achter.
d) Laat de filet iets afkoelen en snijd hem in stukken van anderhalve centimeter breed.
e) Voeg toe aan een salade inclusief sla (welke soort dan ook), goede tomaat, mooie rijpe avocado, rode ui, croutons en eventueel een lekkere dressing.

28. Gepocheerde zalm met groene kruidensalsa

Porties: 4 porties

Ingrediënten
- 3 kopjes water
- 4 groene theezakjes
- 2 grote zalmfilets (elk ongeveer 350 gram)
- 4 Eetlepels extra vergine olijfolie
- 3 eetlepels citroensap, vers geperst
- 2 Eetlepels peterselie, vers gehakt
- 2 Eetlepels basilicum, vers gehakt
- 2 eetlepels oregano, vers gehakt
- 2 eetlepels Aziatische bieslook, vers gesneden
- 2 theelepels tijmblaadjes
- 2 theelepels knoflook, fijngehakt

Routebeschrijving:
a) Breng water aan de kook in een grote pan. Voeg de groene theezakjes toe en haal van het vuur.
b) Laat de theezakjes 3 minuten trekken. Vis de theezakjes uit de pot en breng het met thee doordrenkte water aan de kook. Voeg de zalm toe en zet het vuur laag.
c) Pocheer de zalmfilets tot ze in het midden ondoorzichtig worden. Kook de zalm gedurende 5-8 minuten of tot hij volledig gaar is.
d) Haal de zalm uit de pot en zet opzij.
e) Doe alle versgehakte kruiden, olijfolie en citroensap in een blender of keukenmachine. Meng goed totdat het mengsel een gladde pasta vormt. Breng de pasta op smaak met zout en peper. Indien nodig kunt u de kruiden aanpassen.
f) Serveer de gepocheerde zalm op een grote schaal en bestrijk met de verse kruidenpasta.

29. Gepocheerde zalm met kleefrijst

Opbrengst: 1 portie

Ingrediënten
- 5 kopjes olijfolie
- 2 kopjes gember; vernield
- 1 kop knoflook; vernield
- 1 bosje lente-uitjes; gespleten
- 4 stuks zalm; (6-ounce)
- 2 kopjes Japanse rijst; gestoomd
- ¾ kopje Mirin
- 2 lente-uitjes; gespleten
- ½ kopje gedroogde kersen
- ½ kopje gedroogde bosbessen
- 1 vel nori; verkruimeld
- ½ kopje Citroensap
- ½ kopje visbouillon
- ¼ kopje ijswijn
- ¾ kopje druivenpitolie
- ½ kopje luchtgedroogde maïs

Routebeschrijving

a) Breng de olijfolie in een pan op 160 graden. Voeg de gebroken gember, knoflook en lente-uitjes toe. Haal het mengsel van het vuur en laat het 2 uur trekken. Deformatie.

b) Stoom de rijst en breng op smaak met de mirin. Eenmaal afgekoeld, meng je de geraspte lente-uitjes erdoor. Breng de olijfolie op 160 graden. Voeg de gebroken gember, knoflook en lente-uitjes toe. Neem de bessen en het zeewier.

c) Breng voor de saus het citroensap, de visbouillon en de ijswijn aan de kook. Haal van het vuur en meng de druivenpitolie erdoor. Breng op smaak met zout en peper.

d) Om de vis te pocheren, breng je de stroperijolie in een diepe pan op ongeveer 160 graden. Kruid de zalm met peper en zout en dompel het hele stuk vis voorzichtig in de olie. Laat het ongeveer 5 minuten zachtjes pocheren of tot het zeldzaam medium is.

e) Terwijl de vis kookt, doe je de rijstsalade op een bord en besprenkel je deze met citroensaus. Doe de gepocheerde vis op de rijstsalade als deze klaar is met pocheren.

30. Citruszalmfilet

Geschikt voor 4 personen

Ingrediënten
- ¾ kg Verse zalmfilet
- 2 eetlepels honing met Manuka-smaak of pure honing
- 1 eetlepel vers geperst limoensap
- 1 eetlepel vers geperst sinaasappelsap
- ½ eetlepel limoenschil
- ½ eetlepel Sinaasappelschil
- ½ snufje zout en peper
- ½ limoen gesneden
- ½ sinaasappel in plakjes
- ½ handvol verse tijm en microkruiden

Routebeschrijving
a) Gebruik ongeveer 1,5 kg + verse zalmfilet, met vel en bot.
b) Voeg sinaasappel, limoen, honing, zout, peper en schil toe en meng goed
c) Een half uur voor het koken de filet glaceren met een deegkwast en vloeibare citrus.
d) Sinaasappel en limoen in dunne plakjes snijden
e) Bak gedurende 30 minuten op 190 graden en controleer dan of het nog eens 5 minuten duurt, afhankelijk van hoe u uw zalm verkiest.
f) Haal uit de oven en bestrooi met verse tijm en microkruiden

31. Zalmlasagne

Geschikt voor 4 personen

Ingrediënten
- 2/3 deel Melk voor stroperij
- 2/3 gram Gekookte lasagnebladen
- 2/3 kop(pen) Verse dille
- 2/3 kopje(s) Erwten
- 2/3 kopje Parmezaanse kaas
- 2/3 Bol mozzarella
- 2/3 Saus
- 2/3 Zak Babyspinazie
- 2/3 kop(pen) Crème
- 2/3 theelepel(s) Nootmuskaat

Routebeschrijving
a) Maak eerst de bechamelsaus en de spinaziesauzen en pocheer de zalm. Voor de bechamelsaus smelt u de boter in een kleine pan. Roer de bloem en kook een paar minuten tot het schuimig is, onder voortdurend roeren.
b) Voeg geleidelijk de warme melk toe, onder voortdurend kloppen, tot de saus glad is. Breng aan de kook, onder voortdurend roeren, tot de saus dikker wordt. Breng op smaak met zout en peper.
c) Om de spinaziesaus te maken, snijdt u de spinazie af en wast u deze. Terwijl het water nog aan de bladeren kleeft, doe je de spinazie in een grote pan, dek af met een deksel en laat zachtjes koken tot de bladeren net verwelkt zijn.
d) Giet af en knijp overtollig water eruit. Doe de spinazie in een blender of keukenmachine en voeg de room en nootmuskaat toe. Pulseer om te combineren en breng op smaak met zout en peper.
e) Verwarm de oven voor op 180 graden Celsius. Vet een grote ovenschaal in. Pocheer de zalm zachtjes in de melk tot hij net gaar is en breek hem dan in flinke stukken. Gooi de melk weg.

f) Bestrijk de bodem van de ovenschaal dun met 1 kopje bechamelsaus.

g) Verdeel een overlappende laag lasagnevellen over de saus, verdeel er vervolgens een laag spinaziesaus over en verdeel hier gelijkmatig de helft van de stukken zalm over. Bestrooi met wat gehakte dille. Voeg nog een laag lasagne toe, vervolgens een laag bechamelsaus en bestrooi deze met erwten voor een ruwe laag.

h) Herhaal de lagen nog een keer, dus lasagne, spinazie en zalm, dille, lasagne, bechamelsaus en dan erwten. Werk af met een laatste laag lasagne en vervolgens een dun laagje bechamelsaus. Strooi er geraspte Parmezaanse kaas over en stukjes verse mozzarella.

i) Bak de lasagne gedurende 30 minuten, of tot hij warm en gaar is

32. Teriyaki zalmfilets

Geschikt voor 4 personen

Ingrediënten
- 140 gram 2 x twin Regal 140g Verse zalm porties
- 1 kopje kristalsuiker
- 60 ml sojasaus
- 60 ml mirinkruiden
- 60 ml mirinkruiden
- 1 pakje biologische udon-noedels

Routebeschrijving
a) Marineer 4 stukken verse Regal-zalm van 140 g met suiker, sojasaus en mirinsaus, meng alle 3 de ingrediënten goed en laat de zalm 30 minuten rusten.
b) Kook water, voeg de biologische udon-noedels toe en laat ze 10 minuten snel koken.
c) Snij de sjalotjes in dunne plakjes en zet apart.
d) Kook de zalmfiletporties in een koekenpan op middelhoog tot hoog vuur gedurende 5 minuten en draai ze dan heen en weer en giet eventuele extra saus erover.
e) Zodra de noedels klaar zijn, spreid ze uit op een bord en garneer met zalm

33. Krokante zalm met kappertjesdressing

Geschikt voor 4 personen

Ingrediënten
- 4 Verse NZ Zalmfilet 140g porties
- 200 ml Premium olijfolie
- 160 ml Witte balsamicoazijn
- 2 teentje knoflook geperst
- 4 eetlepels kappertjes gehakt
- 4 eetlepels peterselie gehakt
- 2 eetlepels dille fijngehakt

Routebeschrijving
a) Bestrijk de zalmfilets met 20 ml olijfolie en breng op smaak met zout en peper.
b) Kook op hoog vuur met een koekenpan met antiaanbaklaag gedurende 5 minuten, waarbij u de bovenkant naar beneden en van links naar rechts draait.
c) Doe de overige ingrediënten in een kom en klop, dit is je dressing. Zodra de zalm gaar is, schep je de dressing over de filet, met het vel naar boven.
d) Serveer met een salade van peer, walnoot, halloumi en rucola

34. Zalmfilet met kaviaar

Geschikt voor 4 personen

Ingrediënten
- 1 theelepel zout
- 1 Limoenpartjes
- 10 Sjalotten (uien) gepeld
- 2 eetlepels sojaolie (extra voor het poetsen)
- 250 gram Cherrytomaatjes Gehalveerd
- 1 Kleine Groene Chili in dunne plakjes gesneden
- 4 eetlepels limoensap
- 3 eetlepels Vissaus
- 1 eetlepel suiker
- 1 handvol koriandertakjes
- 1 1/2kg verse zalmfilet z/aan b/uit
- 1 pot zalmkuit (kaviaar)
- 3/4 Komkommer geschild, in de lengte gehalveerd, zonder zaadjes en in dunne plakjes gesneden

Routebeschrijving
a) Verwarm de oven voor op 200 graden Celsius, maar snijd de komkommer in een keramische kom, met het zout, en laat hem 30 minuten staan, zodat hij kan pekelen.
b) Doe de sjalotten in een kleine braadslede, voeg de sojaolie toe, meng goed en plaats ze in de oven gedurende 30 minuten, tot ze gaar en mooi bruin zijn.
c) Haal de komkommer uit de oven en laat hem afkoelen. Was ondertussen de gezouten komkommer goed onder koud stromend water, knijp hem in handjes droog en doe hem in een kom.
d) Verwarm de ovengrill voor op zeer heet, halveer de sjalotten en voeg ze toe aan de komkommer.
e) Voeg tomaten, chili, limoensap, vissaus, suiker, koriandertakjes en sesamolie toe en meng goed.

f) Proef – pas indien nodig het zoete aan, met suiker en limoensap – zet opzij.
g) Leg de zalm op geolied bakpapier, bestrijk de bovenkant van de zalm met sojaolie, breng op smaak met zout en peper, plaats 10 minuten onder de grill of tot hij net gaar en lichtbruin is.
h) Haal het uit de oven, schuif het op een schaal, bestrooi met het tomaten-komkommermengsel en een lepel zalmkuit.
i) Serveer met limoenpartjes en rijst

35. Ansjovis-gegrilde zalmsteaks

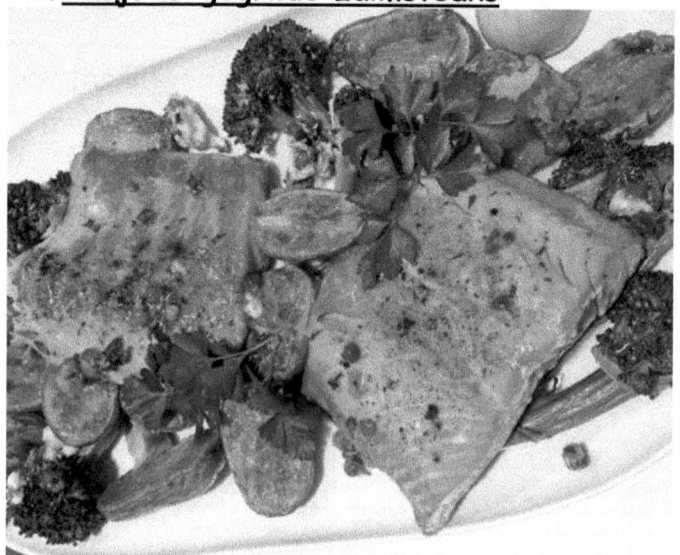

Opbrengst: 4 porties

Ingrediënt
- 4 Zalmsteaks
- Takjes peterselie
- Citroenpartjes ---ansjovisboter-----
- 6 Ansjovisfilets
- 2 eetlepels Melk
- 6 eetlepels Boter
- 1 druppel Tabasco-saus
- Peper

Routebeschrijving

a) Verwarm de grill voor op hoog vuur. Smeer het grillrooster in met olie en plaats elke steak zo dat een gelijkmatige hitte wordt gegarandeerd. Leg op elke biefstuk een klein klontje ansjovisboter (verdeel een kwart van het mengsel in vier). Grill gedurende 4 minuten.

b) Draai de steaks om met een visschijfje en doe nog een kwart van de boter tussen de steaks. Grill de tweede kant 4 minuten. Zet het vuur lager en laat nog 3 minuten koken, minder als de steaks dun zijn.

c) Serveer met een netjes geordend klontje ansjovisboter bovenop elke steak.

d) Garneer met takjes peterselie en partjes citroen.

e) Ansjovisboter: Week alle ansjovisfilets in melk. Pureer in een kom met een houten lepel tot het romig is. Klop alle ingrediënten door elkaar en laat afkoelen.

f) Serveert 4.

36. BBQ-rookgegrilde zalm

Opbrengst: 4 porties

Ingrediënt
- 1 theelepel geraspte limoenschil
- ¼ kopje limoensap
- 1 eetlepel Plantaardige olie
- 1 theelepel Dijon-mosterd
- 1 snufje Peper
- 4 zalmsteaks, 1 inch dik [1-1/2 lb.]
- ⅓ kopje geroosterd sesamzaad

Routebeschrijving

a) Meng in een ondiepe schaal limoenschil en -sap, olie, mosterd en peper; voeg de vis toe en draai hem om. Dek af en marineer bij kamertemperatuur gedurende 30 minuten, af en toe keren.

b) Marinade reserveren, vis verwijderen; bestrooi met sesamzaad. Plaats het op een ingevette grill direct op middelhoog vuur. Voeg geweekte houtsnippers toe.

c) Dek af en kook, draai en bedruip halverwege met de marinade, gedurende 16-20 minuten, of tot de vis gemakkelijk loslaat als je hem met een vork test.

37. Op houtskool gegrilde zalm en zwarte bonen

Opbrengst: 4 porties
Ingrediënt
- ½ pond zwarte bonen; doorweekt
- 1 kleine ui; gehakt
- 1 kleine wortel
- ½ Selderijrib
- 2 ons ham; gehakt
- 2 Jalapenopeper; gesteeld en in blokjes gesneden
- 1 teentje knoflook
- 1 laurierblad; samengebonden met
- 3 takjes tijm
- 5 kopjes water
- 2 teentjes knoflook; gehakt
- ½ theelepel hete pepervlokken
- ½ Citroen; sap
- 1 Citroen; sap
- ⅓ kopje olijfolie
- 2 eetlepels verse basilicum; gehakt
- 24 ons zalmsteaks

Routebeschrijving

a) Combineer in een grote pan de bonen, ui, wortel, selderij, ham, jalapenos, hele teentje knoflook, laurier met tijm en water. Laat sudderen tot de bonen gaar zijn, ongeveer 2 uur, en voeg indien nodig meer water toe om de bonen onder water te houden.

b) Verwijder de wortel, bleekselderij, kruiden en knoflook en giet het resterende kookvocht af. Meng de bonen met de gehakte knoflook, hete pepervlokken en het sap van een halve citroen. Opzij zetten.

c) Terwijl de bonen koken, combineer het sap van een hele citroen, olijfolie en basilicumblaadjes. Giet over de zalmsteaks en zet 1 uur in de koelkast. Grill de zalm op een middelhoog vuur gedurende 4-5 minuten per kant, bedruip elke minuut met een deel van de marinade. Serveer elke steak met een portie bonen.

38. Voetzoeker gegrilde zalm uit Alaska

Opbrengst: 4 porties

Ingrediënt
- 4 6 oz. zalmsteaks
- $\frac{1}{4}$ kopje arachideolie
- 2 eetlepels sojasaus
- 2 eetlepels Balsamicoazijn
- 2 eetlepels Gehakte lente-uitjes
- $1\frac{1}{2}$ theelepel bruine suiker
- 1 teentje knoflook, fijngehakt
- $\frac{3}{4}$ theelepel Geraspte verse gemberwortel
- $\frac{1}{2}$ theelepel rode chilivlokken, of meer
- Smaak
- $\frac{1}{2}$ theelepel sesamolie
- $\frac{1}{8}$ theelepel zout

Routebeschrijving

a) Leg de zalmsteaks in een glazen schaal. Meng de overige ingrediënten door elkaar en giet dit over de zalm.

b) Dek af met plasticfolie en laat 4 tot 6 uur in de koelkast marineren. Verwarm de grill. Haal de zalm uit de marinade, bestrijk de grill met olie en leg de zalm op de grill.

c) Grill op middelhoog vuur gedurende 10 minuten per inch dikte, gemeten op het dikste deel, en draai halverwege het koken, of totdat de vis net in stukjes valt als je hem met een vork test.

39. Flits gegrilde zalm

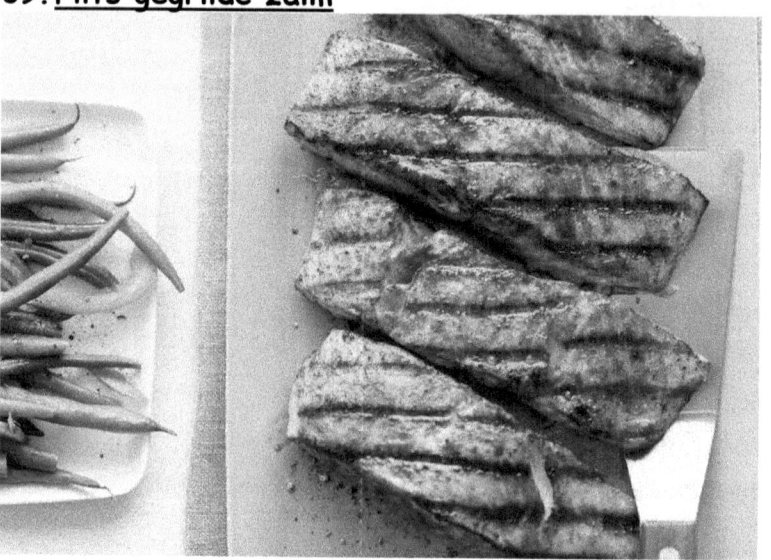

Opbrengst: 1 portie

Ingrediënt
- 3 ons zalm
- 1 eetlepel olijfolie
- ½ Citroen; sap van
- 1 theelepel bieslook
- 1 theelepel peterselie
- 1 theelepel versgemalen peper
- 1 eetlepel sojasaus
- 1 eetlepel Ahornsiroop
- 4 Eidooiers
- ¼ pint Visbouillon
- ¼ pint Witte wijn
- 125 milliliter Dubbele room
- Bieslook
- Peterselie

Routebeschrijving
a) Snijd de zalm in dunne plakjes en doe deze in een bakje met olijfolie, ahornsiroop, sojasaus, peper en citroensap gedurende 10-20 minuten.
b) Sabayon: Klop de eieren au bain-marie. Kook de witte wijn en de visbouillon in een pan in. Voeg het mengsel toe aan de eiwitten en klop. Voeg room toe, nog steeds kloppend.
c) Leg de dunne plakjes zalm op het bord en besprenkel met een beetje sabayon. Zet slechts 2-3 minuten onder de grill.
d) Verwijder en serveer onmiddellijk met een beetje bieslook en peterselie.

40. Pasta met gegrilde zalm en inktvisinkt

Opbrengst: 1 portie

Ingrediënt
- 4 200 g; (7-8oz) stukjes zalmfilet
- Zout en peper
- 20 milliliter Plantaardige olie; (3/4oz)
- Olijfolie om te frituren
- 3 Fijngehakte teentjes knoflook
- 3 Fijngesneden tomaten
- 1 Fijngesneden lente-ui
- Kruiden
- 1 Broccoli

Routebeschrijving

a) Pasta: zakjes inktvisinkt koop je bij een goede visboer... of gebruik je favoriete pasta

b) Verwarm de oven voor op 240øC/475øF/gasstand 9.

c) Kruid de stukjes zalmfilet met peper en zout. Verhit een koekenpan met antiaanbaklaag en voeg olie toe. Leg de zalm in de pan en schroei aan elke kant gedurende 30 seconden.

d) Leg de vis op een bakplaat en rooster hem 6-8 minuten tot de vis schilfert, maar in het midden nog een beetje roze is. Laat 2 minuten rusten.

e) Leg de vis op warme borden en schep de saus erover.

f) Kook de broccoli met de pasta ongeveer 5 minuten.

g) Giet wat olie in de pan, voeg de knoflook, tomaten en lente-uitjes toe. Bak op een laag vuur gedurende 5 minuten, voeg op het laatste moment de broccoli toe.

41. Zalm met gegrilde uien

Voor 8 tot 10 porties

Ingrediënten
- 2 kopjes hardhoutchips, gedrenkt in water
- 1 grote gekweekte Noorse zalm (ongeveer 3 pond), graatjes verwijderd
- 3 kopjes Smoking Pekel, gemaakt met wodka
- ¾ kopje rookwrijf
- 1 eetlepel gedroogde dille-wiet
- 1 theelepel uienpoeder
- 2 grote rode uien, in rondjes van 2,5 cm dik gesneden
- ¾ kopje extra vergine olijfolie 1 bosje verse dille
- Fijn geraspte schil van 1 citroen 1 teentje knoflook, fijngehakt
- Grof zout en gemalen zwarte peper

Routebeschrijving
a) Doe de zalm in een grote zak met ritssluiting (2 gallon). Als je alleen zakken van 1 gallon hebt, snijd de vis dan doormidden en gebruik twee zakken. Voeg de pekel toe aan de zak(ken), druk de lucht eruit en sluit af. Zet 3 tot 4 uur in de koelkast.
b) Meng alles behalve 1 eetlepel van de rub met de gedroogde dille en uienpoeder en zet opzij. Week de plakjes ui in ijswater. Verhit een grill voor indirect laag vuur, ongeveer 225iF, met rook. Giet de houtsnippers af en doe ze op de grill.
c) Haal de zalm uit de pekel en dep droog met keukenpapier. Gooi de pekel weg. Bestrijk de vis met 1 eetlepel olie en bestrooi de vleeskant met de rub waarin gedroogde dille zit.
d) Haal de uien uit het ijswater en dep ze droog. Bestrijk met 1 eetlepel olie en bestrooi met de resterende 1 eetlepel rub. Zet de vis en uien opzij en laat ze 15 minuten rusten.
e) Bestrijk het grillrooster en wrijf het goed in met olie. Leg de zalm met het vlees naar beneden direct boven het vuur en gril 5 minuten tot het oppervlak goudbruin is. Gebruik een grote

visspatel of twee gewone spatels, draai de vis met de huid naar beneden en plaats hem op het grillrooster, weg van het vuur. Leg de plakjes ui direct boven het vuur.

f) Sluit de grill en bak tot de zalm stevig is aan de buitenkant, maar niet droog en veerkrachtig in het midden, ongeveer 25 minuten. Als je klaar bent, zal er vocht door het oppervlak druppelen als er zachtjes op de vis wordt gedrukt. Het mag niet volledig afbladderen onder druk.

g) Draai de uien één keer tijdens de kooktijd.

42. Cederplankzalm

Porties: 6

Ingrediënten
- 1 onbehandelde cederhouten plank (ongeveer 14 "x 17" x 1/2 ")
- 1/2 kopje Italiaanse dressing
- 1/4 kop gehakte zongedroogde tomaten
- 1/4 kop gehakte verse basilicum
- 1 zalmfilet (1 inch dik), vel verwijderd

Routebeschrijving
a) Dompel de cederhouten plank volledig onder in water en plaats er een gewicht op om hem volledig bedekt te houden. Minimaal 1 uur laten weken.
b) Verwarm de grill voor op middelhoog vuur.
c) Meng in een kleine kom de dressing, zongedroogde tomaten en basilicum; opzij zetten.
d) Plank uit het water halen. Plaats zalm op plank; plaats op de grill en sluit het deksel. Grill 10 minuten en bestrijk de zalm met het dressingmengsel. Sluit het deksel en gril nog 10 minuten, of tot de zalm gemakkelijk uit elkaar valt met een vork.

43. Gerookte knoflookzalm

Serveert 4

Ingrediënten
- 1 1/2 pond. Zalmfilet
- zout en peper naar smaak 3 teentjes knoflook, fijngehakt
- 1 takje verse dille, gehakt 5 plakjes citroen
- 5 takjes verse dillewiet
- 2 groene uien, gehakt

Routebeschrijving
a) Bereid de roker voor op 250 ° F.
b) Spuit twee grote stukken aluminiumfolie in met kookspray.
c) Leg de zalmfilet op een stuk folie. Bestrooi de zalm met zout, peper, knoflook en gehakte dille. Verdeel de schijfjes citroen over de filets en leg op elk schijfje een takje dille. Bestrooi de filet met groene uien.
d) Rook ongeveer 45 minuten.

44. Gegrilde zalm met verse perziken

Porties: 6 porties

Ingrediënten
- 6 zalmfilets, 1 inch dik
- 1 groot blik gesneden perziken, lichte siroopvariant
- 2 Eetlepels witte suiker
- 2 Eetlepels lichte sojasaus
- 2 eetlepels Dijon-mosterd
- 2 Eetlepels ongezouten boter
- 1 verse gemberknop van 1 inch, geraspt
- 1 Eetlepels olijfolie, extra vierge variant
- Zout en peper naar smaak
- Vers gehakte koriander

Routebeschrijving:
a) Giet de gesneden perziken af en bewaar ongeveer 2 eetlepels lichte siroop. Snijd de perziken in hapklare stukjes.
b) Leg de zalmfilets in een grote ovenschaal.
c) Voeg in een middelgrote pan de gereserveerde perziksiroop, witte suiker, sojasaus, Dijon-mosterd, boter, olijfolie en gember toe. Blijf roeren op laag vuur tot het mengsel iets dikker wordt. Voeg naar smaak zout en peper toe.
d) Zet het vuur uit en verdeel een deel van het mengsel met een rijgkwast royaal over de zalmfilets.
e) Voeg de gesneden perziken toe aan de pan en bestrijk ze grondig met het glazuur. Giet de geglazuurde perziken over de zalm en verdeel gelijkmatig.
f) Bak de zalm ongeveer 10-15 minuten in 420F. Houd de zalm goed in de gaten, zodat het gerecht niet aanbrandt.
g) Strooi er voor het serveren wat vers gehakte koriander over.

45. Gember gegrilde zalmsalade

Opbrengst: 4 porties

Ingrediënten
- $\frac{1}{4}$ kopje magere yoghurt
- 2 eetlepels Fijngehakte verse gember
- 2 teentjes knoflook, fijngehakt
- 2 eetlepels Vers limoensap
- 1 eetlepel Vers geraspte limoenschil
- 1 eetlepel honing
- 1 eetlepel Canola-olie
- $\frac{1}{2}$ theelepel zout
- $\frac{1}{2}$ theelepel Versgemalen zwarte peper
- $1\frac{1}{4}$ pond zalmfilet, 2,5 cm dik, in 4 stukken gesneden, met vel erop, speldengraten verwijderd
- Salade van waterkers en ingelegde gember
- Limoenpartjes ter garnering

Routebeschrijving:

a) Meng in een kleine kom yoghurt, gember, knoflook, limoensap, limoenschil, honing, olie, zout en peper.

b) Leg de zalm in een ondiepe glazen schaal en giet de marinade erover. Draai de zalm zodat hij aan alle kanten bedekt is. Dek af en marineer in de koelkast gedurende 20 tot 30 minuten, waarbij u één of twee keer draait.

c) Maak ondertussen een houtskoolvuur klaar of verwarm een gasgrill voor. (Gebruik geen grillpan; zalm blijft plakken.) 3. Smeer het grillrooster met een barbecueborstel met lange steel in met olie.

d) Leg de zalm met de huid naar boven op de grill. Kook gedurende 5 minuten. Gebruik 2 metalen spatels, draai de stukken zalm voorzichtig om en kook tot ze in het midden ondoorzichtig zijn, 4 tot 6 minuten langer. Haal de zalm met 2 spatels van de grill. Glijd van de huid.

e) Meng de waterkerssalade met de dressing en verdeel over 4 borden. Beleg met een stukje gegrilde zalm. Garneer met partjes limoen. Serveer onmiddellijk.

46. Gegrilde zalm met venkelsalade

Opbrengst: 2 porties

Ingrediënt
- 2 140 g zalmfilets
- 1 Bolvenkel; fijn gesneden
- ½ peer; fijn gesneden
- Een paar stukjes walnoten
- 1 snufje Geplette kardemomzaad
- 1 oranje; gesegmenteerd, sap
- 1 bosje koriander; gehakt
- 50 gram Lichte kwark
- 1 Snufjes kaneelpoeder
- Gevlokt steenzout en gemalen zwarte peper

Routebeschrijving:
a) Kruid de zalm met peper en zout en gril onder de grill.
b) Meng de peer met de venkel en breng op smaak met veel zwarte peper, kardemom en walnoten.
c) Meng het sinaasappelsap en de rasp met de kwark en voeg een beetje kaneel toe. Leg een hoopje venkel in het midden van het bord en rijg de zalm erop. Versier de buitenkant van het bord met sinaasappelpartjes en besprenkel met de oranje kwark.
d) Venkel vermindert de toxine-effecten van alcohol in het lichaam en is een goede spijsvertering.

47. Gegrilde zalm met aardappel en waterkers

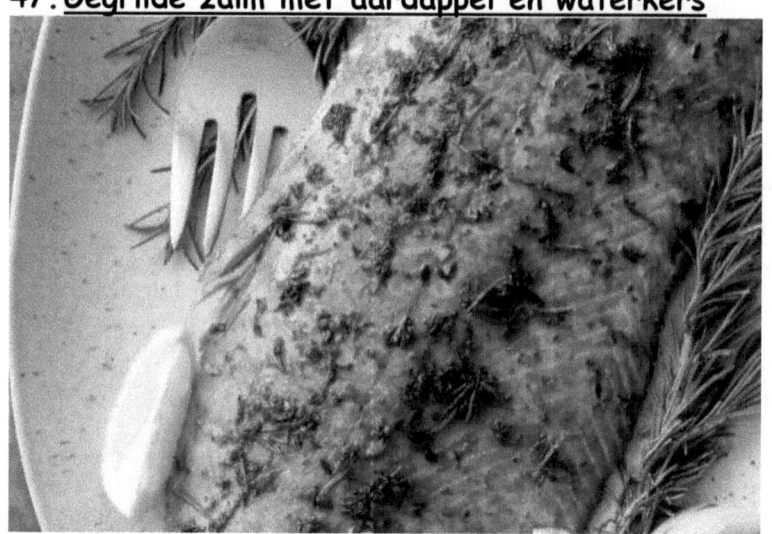

Opbrengst: 6 porties

Ingrediënt
- 3 pond Kleine rode dunne huid
- Aardappelen
- 1 kop Dun gesneden rode ui
- 1 kopje gekruide rijstazijn
- Ongeveer 1/2 pond waterkers
- Afgespoeld en knapperig
- 1 zalmfilet, ongeveer 2 kg.
- 1 eetlepel sojasaus
- 1 eetlepel stevig verpakte bruine suiker
- 2 kopjes elzen- of mesquitehoutsnippers
- In water gedrenkt
- Zout

Routebeschrijving:
a) Breng in een pan van 5 tot 6 liter ongeveer 2 liter water aan de kook op hoog vuur; aardappelen toevoegen. Dek af en laat op laag vuur sudderen tot de aardappelen gaar zijn als je ze doorprikt, 15 tot 20 minuten. Giet af en laat afkoelen.
b) Week de uien ongeveer 15 minuten in koud water, zodat ze onder water staan. Giet af en meng de uien met rijstazijn. Snijd de aardappelen in vieren; toevoegen aan uien.
c) Snijd de zachte takjes waterkers van de stengels en hak genoeg van de grove stengels fijn om een $\frac{1}{2}$ kopje te maken (gooi de extra takjes weg of bewaar ze voor ander gebruik). Meng de gehakte stengels op een grote ovale schaal met de aardappelsalade ernaast; afdekken en koel bewaren. Zalm afspoelen en droogdeppen. Leg het met de velkant naar beneden op een stuk zware folie. Knip de folie af om de contouren van de vis te volgen en laat een rand van 2,5 cm vrij.
d) Krimp de randen van de folie zo dat ze tegen de rand van de vis passen. Meng de sojasaus met bruine suiker en bestrijk de zalmfilet ermee.
e) Leg de vis in het midden van de grill, niet boven kolen of vlammen. Dek de barbecue af (open de ventilatieopeningen voor houtskool) en kook tot de vis in het dikste deel nauwelijks ondoorzichtig is (op proef gesneden), 15 tot 20 minuten. Leg de vis op een schaal met salade. Voeg zout naar smaak toe. Serveer warm of koud.

48. Zalmvina olki

Opbrengst: 1 portie
Ingrediënt
- 2 kopjes Azijn
- 4 kopjes water
- 2 theelepels Kaneel
- 4 theelepels Gemalen komijnzaad
- 6 grote teentjes knoflook, gepureerd
- Zout en peper naar smaak
- Zalm

Routebeschrijving:
a) Meng alle ingrediënten in een grote ketel en roer goed.
b) Voeg plakjes zalm toe en roer goed zodat elk plakje de kruiden en knoflook absorbeert.
c) Laat het een nacht in de pekel staan, maar niet langer dan 24 uur, omdat zalm de neiging heeft papperig te worden.
d) Haal ze uit de pekel, rol ze in crackerkruimels of maaltijd en bak ze in hete olie.

49. Zalm en Boletus Kebabs

Ingrediënten:
- ¼ kopje olijfolie
- ¼ kopje peterselie, fijngehakt
- ¼ kopje verse tijm, zonder steel, fijngehakt
- 2 eetlepels citroensap
- 2 eetlepels grofgemalen zwarte peper
- 1 theelepel zout
- 1½ pond zalmfilets, in 24 blokjes gesneden
- 1 tot 1½ pond champignons
- 8 houten spiesjes
- Citroen partjes

Routebeschrijving:

m) Meng de olie, peterselie, tijm, citroensap, zout en peper in een grote kom.

n) Voeg stukjes zalm toe, meng grondig, dek af en zet 1 uur in de koelkast.

o) Verwarm een grill voor.

p) Haal het mengsel uit de koelkast, voeg de stukjes champignons toe en roer om de champignons met de marinade te bedekken. Giet af in een vergiet.

q) Wissel zalm en champignons af op spiesjes om acht kebabs te maken, elk gelaagd met drie stukken vis en drie stukken champignons.

r) Leg de geweekte spiesjes op een met olie ingevette grill en bak ze 4 minuten. Draai en kook 4 minuten langer, of tot de filets enigszins zacht aanvoelen.

50. Gegrilde wilde koningszalm

Ingrediënten:
- 1 kreeft, 1¾ pond
- ½ kopje gesmolten boter
- 2 pond zalmfilets
- ¼ kopje fijngehakte rode ui
- 3 eetlepels witte azijn
- 2 eetlepels water
- ¼ kopje zware room
- 2 eetlepels fijngehakte verse dragon
- 4 eetlepels (½ stokje) boter
- Zout en versgemalen zwarte peper
- Citroenpartjes en sap
- Bloedsinaasappelsalade

Routebeschrijving:

a) Druppel de boter en het citroensap in de kreeftenholte.

b) Leg de kreeft op zijn rug op de grill, boven de rookpan. Sluit het deksel en rook ongeveer 25 minuten. Leg het op een snijplank en verwijder het vlees van de staart en de klauwen. Bewaar het koraal en alle sappen in de koelkast.

c) Breng de uien, azijn en water aan de kook in een middelgrote pan op middelhoog vuur; Zet het vuur lager en laat 3 tot 4 minuten sudderen, of tot het met ongeveer de helft is ingekookt. Voeg de room en dragon toe; Laat het 1 tot 2 minuten sudderen, of tot het tot de helft is ingekookt. Klop de stukjes boter erdoor.

d) Zet de grill klaar en leg de zalm op de hete kant.

e) Voeg de stukjes kreeft en het sap toe aan de pan met de beurre blanc, roer en zet het vuur middelhoog. Laat het sudderen, afgedekt, meerdere keren roerend, gedurende 3 tot 4 minuten, of tot het kreeftenvlees grondig verwarmd is.

51. Ahornsiroopzalmsteaks

Ingrediënten:
- ¼ kopje pure ahornsiroop
- ¼ kopje mirin of witte wijn
- ¼ kopje natriumarme sojasaus
- 2 eetlepels olijfolie
- Sap van ½ citroen
- schil van 1 citroen (ongeveer 1 eetlepel)
- 2 eetlepels gebroken zwarte peperkorrels
- 2 pond zalm, gesneden in steaks van ¾ inch dik

Routebeschrijving:

a) Meng de ahornsiroop, mirin, sojasaus, olie, citroensap en peperkorrels in een niet-corrosieve container. Leg de steaks in de marinade en zet ze 30 minuten in de koelkast.

b) Verwarm een grill voor.

c) Haal de zalmsteaks uit de marinade, laat ze uitlekken, dep ze droog en bewaar de marinade. Plaats de steaks direct boven het vuur en kook gedurende 4 minuten; draai en kook nog 4 minuten langer, of tot de steaks enigszins zacht aanvoelen. Grill korter voor rare en langer voor well done.

d) Verwarm ondertussen, na het omdraaien van de steaks, de marinade in een kleine pan op middelhoog vuur tot het aan de kook komt en laat het vervolgens 5 minuten sudderen. Zet het vuur onmiddellijk uit.

e) Schep de saus over de zalmsteaks.

52. Zalm- en maïssoep

Ingrediënten:

- 1 pond zalmfilet
- 2 koren verse maïs
- 2 eetlepels olijfolie
- 1 middelgrote fijngesneden ui
- 1 middelgrote Yukon Gold-aardappel, in blokjes gesneden
- 2 kopjes volle melk
- 1 kopje lichte crème
- 4 eetlepels ongezouten boter
- $\frac{1}{2}$ theelepel Worcestershiresaus
- $\frac{1}{4}$ kopje fijngehakte dragon
- 1 theelepel paprikapoeder
- Zout en versgemalen zwarte peper
- Oestercrackers

Routebeschrijving:
a) Verwarm een grill voor.
b) Leg de zalm en de maïskolven op de geoliede grill. Kook 6 minuten; draai dan om en kook 4 tot 5 minuten langer. Opzij zetten.
c) Haal met een scherp mes de maïskolven van de kolven en snijd de zalm in hapklare stukjes. Opzij zetten.
d) Verhit 1 eetlepel olie in een pan van 4 liter op middelhoog vuur. Voeg de ui en aardappel toe. Kook, afgedekt, ongeveer 10 minuten, of tot de uien zacht zijn. Voeg de melk, room, boter en worcestershiresaus toe. Laat ongeveer 10 minuten sudderen, of tot de aardappelen zacht zijn
e) Roer de maïs, zalm, dragon, paprika, zout en peper erdoor en laat 5 minuten sudderen.
f) Doe over in kommen en serveer onmiddellijk met oestercrackers.

53. Met dille gezouten zalm

Serveert 6
Ingrediënten:
- 2 x 750 g zalmfilets
- 1 grote bos dille, grof gehakt
- 100 g grof zeezout
- 75 g kristalsuiker
- 2 Eetlepels gemalen witte peperkorrels

Mierikswortel-mosterdsaus
- 2 theelepels fijn geraspte mierikswortel (vers of uit een pot)
- 2 theelepels fijn geraspte ui
- 1 theelepel Dijon-mosterd
- 1 theelepel kristalsuiker
- 2 Eetlepels witte wijnazijn
- flinke snuf zout
- 175 ml room

Routebeschrijving:
a) Leg een van de zalmfilets met het vel naar beneden op een groot vel vershoudfolie. Meng de dille met het zout, de suiker en de gemalen peperkorrels en verdeel dit over de snijkant van de zalm. Leg de andere filet erop, met het vel naar boven.

b) Wikkel de vis strak in twee of drie lagen huishoudfolie en til hem op een grote, ondiepe schaal. Plaats een iets kleiner dienblad of snijplank op de vis en verzwaar deze. Zet de vis twee dagen in de koelkast en draai de vis elke 12 uur, zodat het zilte mengsel dat zich in het pakket zal ontwikkelen, de vis bedruipt.

c) Om de mierikswortel-mosterdsaus te maken, roer je alle ingrediënten behalve de room door elkaar. Klop de room in zachte pieken, roer het mierikswortelmengsel erdoor, dek af en laat afkoelen.

d) Om te serveren haalt u de vis uit het zilte mengsel en snijdt u deze in zeer dunne plakjes, zoals u bij het roken van zalm zou doen. Verdeel op ieder bord een paar plakjes gravlax en serveer met een deel van de saus.

54. Gebakken verse Atlantische zalm

Opbrengst: 1 portie

Ingrediënt
- 3 Zalmfilets
- 1 eetlepel boter
- ¼ theelepel Chef-zout
- ½ kopje gekruide bloem
- 1 eetlepel in blokjes gesneden tomaat
- 1 eetlepel in blokjes gesneden groene ui
- 1 eetlepel Gesneden champignons
- 2 eetlepels Witte kookwijn
- ½ Sap van kleine citroen
- 2 eetlepels Zachte boter

Routebeschrijving:

a) Zalm in dunne plakjes snijden. Breng de zalm op smaak met Chef Salt en haal door de bloem.

b) Bak ze snel aan elke kant in boter en verwijder ze. Voeg gesneden champignons, tomaat, groene ui, citroensap en witte wijn toe.

c) Zet het vuur ongeveer 30 seconden lager. Roer de boter erdoor en serveer de saus over de zalm.

55. Gegrilde zalm met pancetta

Opbrengst: 4 porties
Ingrediënt
- 1 pond verse morelpaddestoelen
- 2 sjalotten; Gehakt
- 1 teentje knoflook; Gehakt
- 10 eetlepels boter; In stukjes snijden
- 1 kopje droge sherry of madera
- 4 stuks Zalmfilets
- Olijfolie
- Zout en versgemalen peper
- 16 groene uien
- 4 eetlepels pancetta; In blokjes gesneden en bijgesneden

Routebeschrijving:
a) Fruit de sjalotjes en knoflook in 2 eetlepels boter op laag vuur tot ze zacht zijn. Voeg de morieljes toe, zet het vuur hoger en kook 1 minuut. Voeg sherry toe en reduceer tot de helft.
b) Klop de resterende boter erdoor, zowel op het vuur als daarbuiten, tot het geëmulgeerd is.
c) Verhit een grill of geribbelde grillpan. Bestrijk de zalmfilets met olie en kruid met peper en zout. Doe de zalm in een grote pan en bak 5 tot 10 minuten in de oven.
d) Verhit een middelgrote, zware koekenpan op hoog vuur. Voeg een paar eetlepels olijfolie toe. Voeg groene uien en pancetta toe. Kook kort en schud de pan om braden te voorkomen. Voeg het morillemengsel toe en meng. Licht op smaak brengen.
e) Leg een zalmfilet in het midden van een warm bord. Schep het morieljesmengsel over de bovenkant en langs de zijkanten.

56. Pittige kokosbouillon met zalm

Ingrediënt
- 1 150 g. stuk zalm per persoon; (150 tot 180)
- 1 kopje jasmijnrijst
- ¼ kopje groene kardemompeulen
- 1 theelepel Kruidnagel
- 1 theelepel witte peperkorrels
- 2 Kaneelstokjes
- 4 Steranijs
- 2 eetlepels olie
- 3 uien; fijn gesneden
- ½ theelepel kurkuma
- 1 liter Kokosmelk
- 500 milliliter Kokosroom
- 6 grote rijpe tomaten
- 1 eetlepel bruine suiker
- 20 milliliter Vissaus
- Zout naar smaak
- 2 eetlepels Garam masala

Routebeschrijving:

a) Garam Masala: Rooster de kruiden apart in een pan. Combineer alle kruiden in een koffiemolen of vijzel en stamper en maal.

b) Pittige kokosbouillon: Verhit de olie in een grote pan en bak de uien tot ze transparant zijn. Voeg kurkuma en gember toe en kook op laag vuur gedurende ongeveer 20 minuten. Voeg dan de overige ingrediënten toe. Aan de kook brengen.

c) Terwijl de bouillon kookt, kook je de zalm- en jasmijnrijst. De zalm kan worden gepocheerd in visbouillon, gegrild of gebakken.

57. Columbia River Chinook

Ingrediënten:
- 1 kopje verse kersen, gewassen en ontpit
- ½ kopje vis- of kippenbouillon
- ¼ kopje verse tijm, zonder steel
- 2 eetlepels cognac
- 1 theelepel vers citroensap
- 2 eetlepels bruine suiker
- 1½ theelepel balsamicoazijn
- 1½ tot 2 pond zalmfilets
- Citroen partjes

Routebeschrijving:
a) Verwarm een grill voor.
b) Pureer de kersen drie of vier keer in de kom van een keukenmachine, totdat ze grof gehakt zijn.
c) Laat de bouillon, tijm, cognac en citroensap in een pan op middelhoog vuur 10 tot 12 minuten sudderen, of tot de helft is ingekookt.
d) Voeg de bruine suiker en de azijn toe, roer en laat 2 tot 3 minuten sudderen, tot het goed verwarmd is. Haal van het vuur maar houd warm.
e) Leg de zalmfilets op de geoliede grill en kook 4 tot 5 minuten; draai en kook 4 tot 5 minuten langer, totdat de filets enigszins zacht aanvoelen.
f) Verdeel in vier porties. Schep de warme saus op het midden van vier borden, zodat er plassen ontstaan. Leg de zalm direct op de saus.

58. Ovengeroosterde zalm en groenten

Porties: 4 porties

Ingrediënten:
- 4 zalmfilets
- 2 grote tomaten, in vieren gesneden
- 2 grote uien, bij voorkeur rode variant, in vieren gesneden
- 1 grote knoflookbol, in tweeën gesneden
- 2 grote paprika's, rode en groene variant, in reepjes gesneden
- 1 kopje courgette, in plakjes van een halve centimeter dik
- 1 kop broccoliroosjes
- 3 eetlepels extra vergine olijfolie
- 1 Eetlepels ongezouten boter
- 1 theelepel gedroogde dille
- Zout en peper naar smaak
- Verse basilicumblaadjes, fijngehakt

Routebeschrijving:
a) Verwarm de oven voor op 375F terwijl je de gehakte groenten klaarmaakt.
b) Doe alle groenten in een grote ovenschaal en besprenkel met wat olijfolie. Breng op smaak met peper en zout en zorg ervoor dat de gesneden groenten gelijkmatig bedekt zijn met olijfolie. Verdeel de groenten over de zijkanten van de ovenschaal.
c) Leg de gekruide zalmfilets in het midden. Giet de zachte boter erbovenop.
d) Kook gedurende 18-20 minuten of tot de zalm gemakkelijk in stukjes valt en de groenten gaar zijn.

e) Voeg voor het serveren vers gesneden basilicum toe.

59. Geglazuurde zalm met soja en honing

Porties: 6 porties

Ingrediënten:
- 6 verse zalmfilets, 2,5 cm dik
- 4 Eetlepels geroosterde sesamolie
- 3 grote paprika's, ontpit en in dunne reepjes gesneden
- 2 middelgrote rode uien, in vieren gesneden
- 4 Eetlepels lichte sojasaus
- 1 Eetlepels gember, geschild en geraspt
- 3 Eetlepels pure honing
- Zout en peper naar smaak
- Lente-uitjes ter garnering

Routebeschrijving:
a) Leg de zalm in een grote bakvorm en laat voorzichtig een ruimte van 2,5 cm vrij tussen de filets. Voeg de gesneden paprika – groen, rood en geel voor een smaakvoller effect – en uien toe aan de pan. Druppel de helft van de sesamolie over de vis. Strooi zout en peper naar smaak.
b) Voeg in een middelgrote kom sojasaus, honing, geraspte gember, versgemalen peper en de rest van de sesamolie toe.
c) Meng de saus grondig.
d) Giet de saus over de vis. Bak de zalm op 420F gedurende 25 minuten.
e) Serveer onmiddellijk en garneer met lente-uitjes. Het wordt het lekkerst gegeten met vers gestoomde witte rijst.

60. Pittige zalm- en noedelsoep

Porties: 4 porties

Ingrediënten:
- 4 zalmfilets, 1 inch dik
- 2 kopjes kokosmelk
- 3 kopjes groentebouillon, zelfgemaakt of instantvariant
- 200 gram Aziatische noedels of rijstnoedels
- 5 Eetlepels knoflook, fijngehakt
- 2 grote witte uien, fijngesneden
- 2 grote rode chilipepers, fijngehakt en ontpit
- 1 verse gemberknop van 1 inch, in dunne plakjes gesneden
- 3 Eetlepels rode currypasta
- 1 Eetlepels plantaardige olie
- ½ kopje lente-ui, fijngehakt
- Handvol koriander, fijngehakt
- Zout en peper naar smaak

Routebeschrijving:
a) Verhit plantaardige olie in een grote pan op laag tot middelhoog vuur. Voeg de gehakte knoflook, witte uien, chilipepers, gember en rode currypasta een paar minuten toe tot het hele mengsel geurig wordt.
b) Giet kokosmelk en groentebouillon in het gebakken mengsel. Breng de bouillon 5-8 minuten langzaam aan de kook.
c) Voeg de zalm en de noedels toe aan de pan en kook 5-8 minuten. Controleer de kooktijd van de noedels aan de hand van de aanwijzingen op de verpakking en pas deze eventueel aan. Zorg ervoor dat de zalm niet te gaar wordt.
d) Voeg de lente-ui en korianderblaadjes toe aan de pan en zet het vuur uit. Breng op smaak met zout en peper.
e) Doe het onmiddellijk in individuele kommen en garneer met meer koriander en/of lente-ui.

61. Gepocheerde zalm met groene kruidensalsa

Porties: 4 porties

Ingrediënten:
- 3 kopjes water
- 4 groene theezakjes
- 2 grote zalmfilets (elk ongeveer 350 gram)
- 4 Eetlepels extra vergine olijfolie
- 3 eetlepels citroensap, vers geperst
- 2 Eetlepels peterselie, vers gehakt
- 2 Eetlepels basilicum, vers gehakt
- 2 eetlepels oregano, vers gehakt
- 2 eetlepels Aziatische bieslook, vers gesneden
- 2 theelepels tijmblaadjes
- 2 theelepel knoflook, fijngehakt

Routebeschrijving:
a) Breng water aan de kook in een grote pan. Voeg de groene theezakjes toe en haal van het vuur.
b) Laat de theezakjes 3 minuten trekken. Vis de theezakjes uit de pot en breng het met thee doordrenkte water aan de kook. Voeg de zalm toe en zet het vuur laag.
c) Pocheer de zalmfilets tot ze in het midden ondoorzichtig worden. Kook de zalm gedurende 5-8 minuten of tot hij volledig gaar is.
d) Haal de zalm uit de pot en zet opzij.
e) Doe alle versgehakte kruiden, olijfolie en citroensap in een blender of keukenmachine. Meng goed totdat het mengsel een gladde pasta vormt. Breng de pasta op smaak met zout en peper. Indien nodig kunt u de kruiden aanpassen.
f) Serveer de gepocheerde zalm op een grote schaal en bestrijk met de verse kruidenpasta.

62. Honingmosterd geglazuurde zalm

Porties: 4 porties

Ingrediënten:
- 4 zalmfilets, 1 inch dik
- 5 eetlepels Dijon-mosterd
- 5 Eetlepels pure honing
- 2 Eetlepels lichte sojasaus
- 2 eetlepels boter, ongezouten variant
- 2 Eetlepels knoflook, fijngehakt
- Zout en peper naar smaak
- Koolzaadolie
- Vers gehakte tijmblaadjes

Routebeschrijving:
a) Kruid de zalmfilets met peper en zout. Bestrijk of spuit de bakvorm in met canola-olie en plaats de zalm met de huid naar beneden.
b) Klop in een middelgrote kom de Dijon-mosterd, pure honing en sojasaus samen. Roer de gehakte knoflook erdoor en meng goed.
c) Verdeel het mengsel royaal over beide zijden van de zalmfilets met behulp van een deegkwast.
d) Bestrooi de zalm met tijmblaadjes.
e) Kook de zalm op 450F gedurende 20 minuten. Giet indien nodig het resterende honing-mosterdmengsel erbij. Bak de zalm tot de gewenste gaarheid.
f) Doe het onmiddellijk op een serveerschaal en strooi er wat tijmblaadjes bovenop.

63. Mierikswortel Zalm

Porties: 4 porties

Ingrediënten:
Zalmfilet
- 8 zalmfilets, 1 inch dik
- 3 eetlepels mierikswortelsaus
- 3 eetlepels lichte sojasaus
- 3 eetlepels olijfolie, extra vierge variant
- 2 Eetlepels knoflook, fijngehakt
- Zout en peper naar smaak

Mierikswortelsaus
- 1 Eetlepels lichte sojasaus
- 2 Eetlepels citroensap, vers geperst
- 3 eetlepels mierikswortelsaus
- 1 kopje zure room
- 2 eetlepels mayonaise, variant met verlaagd vetgehalte

Routebeschrijving:
a) Doe alle ingrediënten in een middelgrote kom en meng goed. Dek af met plasticfolie en laat minimaal een uur in de koelkast opstijven.
b) Klop in een aparte kom de mierikswortelsaus, olijfolie, sojasaus en knoflook. Breng op smaak met peper en zout en pas indien nodig de kruiden aan.
c) Leg de zalmfilets in een grote bakvorm of op een grillrooster. Vet de pan of het grillrooster in. Bestrijk het bereide mengsel aan beide kanten van de zalmfilets.
d) Bak de zalm minimaal 20 minuten. Als u het grillrooster gebruikt, laat de zalm dan 5 minuten per kant koken.
e) Serveer de visfilets direct met witte rijst. Voor een gezondere optie kun je bruine rijst naast de zalm serveren. Serveer met gekoelde mierikswortelsaus ernaast.

64. Warme zalm-aardappelsalade

Porties: 3-4 porties

Totale voorbereidingstijd: 30 minuten

Ingrediënten:
- 3 zalmfilets, 2,5 cm dik en zonder vel
- 4 grote aardappelen, in hapklare stukken gesneden
- Handvol rucola en spinazieblaadjes
- ¾ kopje zure room
- 2 Eetlepels citroensap
- 2 Eetlepels pure honing
- 2 theelepel Dijon-mosterd
- 1 theelepel knoflook, fijngehakt
- Zout en peper naar smaak
- Korianderblaadjes ter garnering

Routebeschrijving:
a) Kruid de zalm lichtjes met zout en peper. Wikkel het in folie en plaats het in een ovenschaal. Kook gedurende 15-20 minuten in 420F of tot het volledig gaar is.
b) Kook de gehakte aardappelen in een middelgrote pan tot ze zacht zijn. Giet onmiddellijk af en zet opzij.
c) Meng in een grote slakom de zure room, het citroensap, de honing, de mosterd en de knoflook. Meng alle ingrediënten grondig. Voeg zout en peper naar smaak toe.
d) Scheur de slablaadjes met de hand en doe ze in de kom. Voeg de gekookte aardappelen toe.
e) Snijd de gekookte zalm in hapklare stukjes en doe ze in de slakom. Meng de ingrediënten goed.
f) Strooi er voor het serveren wat vers gehakte koriander over.

65. Zalm uit één pot met rijst en erwten

Porties: 4 porties

Ingrediënten:
- 1 kop witte rijst, langkorrelige variant
- 2 kopjes water
- 1 pond zalm, vel verwijderd en in 4 stukken gesneden
- ½ kopje suikererwten
- 6 Eetlepels lichte sojasaus
- 2 Eetlepels rijstazijn
- 1 verse gemberknop van 1 inch, geraspt
- 1 Eetlepels bruine suiker
- Zout en peper naar smaak
- ½ kopje vers gesneden lente-uitjes

Routebeschrijving:
a) Was de rijst volgens de instructies op de verpakking. Meng de rijst en het water in een middelgrote koekenpan en doe het deksel erop. Breng het mengsel op laag tot middelhoog vuur gedurende 10 minuten aan de kook.
b) Kruid de zalm met peper en zout. Voeg dan onmiddellijk bovenop de rijst toe.
c) Kook de zalm totdat de rijst al het water heeft opgenomen.
d) Voeg de erwten toe en dek de pan nog 5 minuten af. Controleer of de erwten al gaar zijn en de zalm de gewenste gaarheid heeft bereikt.
e) Meng in een kleine kom de sojasaus, azijn, lente-uitjes, gember en suiker. Pas indien nodig de kruiden aan.
f) Doe de zalm, rijst en doperwten op een serveerbord en serveer alles met de saus. Strooi wat vers gesneden lente-uitjes over de zalm en rijst.

66. Garlicky geroosterde zalm met tomaten en uien

Porties: 6 porties

Ingrediënten:
- 6 zalmfilets, zonder vel
- 4 grote tomaten, in tweeën gesneden
- 3 middelgrote rode uien, in vieren gesneden
- 2 Eetlepels extra vergine olijfolie
- 1 theelepel paprikapoeder
- 1 grote bol knoflook, fijngehakt
- 10 verse tijmveren
- 1 Eetlepels ongezouten boter
- Zout en peper naar smaak

Routebeschrijving:
a) Wrijf de ongezouten boter in een grote ovenschaal en zorg ervoor dat de schaal gelijkmatig bedekt is.
b) Leg de zalmfilets, tomaten en uien in de bakvorm.
c) Besprenkel met extra vergine olijfolie en voeg een scheutje zout en peper toe. Strooi wat paprikapoeder aan beide kanten van de zalm.
d) Voeg gehakte knoflook en verse tijm toe aan de zalm.
e) Kook de zalm gedurende 10-12 minuten in 420F. Om te controleren of de zalm gaar is, prik je er met een vork in en kijk je of de vlokken makkelijk uit elkaar vallen.
f) Doe de zalm en de groenten onmiddellijk op een serveerschaal. Gooi wat tijmblaadjes voor extra frisheid.

67. Gebakken zalm met zwarte bonensaus

Porties: 4 porties

Ingrediënten:
- 4 zalmfilets, vel en graatjes verwijderd
- 3 eetlepels zwarte bonensaus of zwarte bonen knoflooksaus
- ½ kopje kippenbouillon (of groentebouillon als gezonder alternatief)
- 3 eetlepels knoflook, fijngehakt
- 1 verse gemberknop van 1 inch, geraspt
- 2 eetlepels sherry of sake (of andere kookwijn)
- 1 Eetlepels citroensap, vers geperst
- 1 Eetlepels vissaus
- 2 Eetlepels bruine suiker
- ½ theelepel rode chilivlokken
- Verse korianderblaadjes, fijngehakt
- Lente-ui als garnering

Routebeschrijving:
a) Vet een grote bakvorm in of bekleed deze met bakpapier. Verwarm de oven voor op 350F.
b) Combineer kippenbouillon en zwarte bonensaus in een middelgrote kom. Voeg gehakte knoflook, geraspte gember, sherry, citroensap, vissaus, bruine suiker en chilivlokken toe. Meng grondig totdat de bruine suiker volledig is opgelost.
c) Giet de zwarte bonensaus over de zalmfilets en laat de zalm minimaal 15 minuten het zwarte bonenmengsel volledig opnemen.
d) Breng de zalm over naar de ovenschaal. Kook gedurende 15-20 minuten. Zorg ervoor dat de zalm niet te droog wordt in de oven.
e) Serveer met gehakte koriander en lente-ui.

68. Zalmviskoekjes met Plantaardige Rijst

Porties: 4 porties

Totale voorbereidingstijd: 30 minuten

Ingrediënten:

Zalmkoekjes
- 2 blikjes roze zalm, uitgelekt
- 1 groot ei
- ½ kopje panko-broodkruimels
- ½ Eetlepels maizena
- 2 eetlepels kappertjes, uitgelekt
- 3 eetlepels lente-uitjes of peterselie, gehakt
- Zout en peper naar smaak
- Plantaardige olie om te frituren

Plantaardige Rijst
- 1 kop bruine rijst, ongekookt
- ½ kopje groene erwten
- ¼ kopje geraspte wortels
- ¼ kopje suikermaïs
- 3 Eetlepels lente-uitjes
- 2 Eetlepels citroensap, vers geperst

Routebeschrijving:
a) Doe alle ingrediënten voor de zalmkoekjes in een blender of keukenmachine. Meng goed totdat het een dikke pasta vormt.
b) Laat het mengsel 20 minuten in de koelkast afkoelen.
c) Als het mengsel enigszins stevig is, doe je 1 eetlepel in je handen en vorm je er een pasteitje van. Herhaal dit proces totdat alle zalmpasteitjes gevormd en gevormd zijn.
d) Verhit wat plantaardige olie in een grote koekenpan en bak de zalmpasteitjes knapperig goudbruin.

e) Terwijl het pasteitjesmengsel in de koelkast staat, kook je de bruine rijst volgens de aanwijzingen op de verpakking. Voeg de groene erwten, wortels en maïs toe aan de rijstkoker als al het water is opgenomen. Meng de rijst samen met de groenten en laat de resterende stoom de groenten koken. Voeg het versgeperste citroensap toe.

f) Strooi voor het serveren wat vers gesneden groene uien over de groenterijst. Serveer er knapperige zalmkoekjes bij.

69. Soja Gember Zalm

Porties: 4 porties

Ingrediënten:
- 4 zalmfilets, vel en botten verwijderd
- 4 Eetlepels verse gember, geraspt
- 2 Eetlepels knoflook, fijngehakt
- 1 Eetlepels bruine suiker
- 2 Eetlepels pure honing
- 1 theelepel Dijon-mosterd
- ½ kopje vers sinaasappelsap
- 3 eetlepels lichte sojasaus
- Fijn geraspte sinaasappelschil
- Zout en peper naar smaak
- 1 Eetlepels extra vergine olijfolie

Routebeschrijving:
a) Klop in een middelgrote tot grote kom het sinaasappelsap, de honing, de sojasaus, de sinaasappelschil, de mosterd, de suiker, de knoflook en de gember tot alles goed gemengd is. Roer de vers geraspte sinaasappelschil erdoor. Giet de helft van dit mengsel over de zalm.
b) Verwarm de oven voor op 350F. Kruid de zalm met versgemalen peper en zout en bestrijk hem vervolgens gelijkmatig met olijfolie.
c) Leg de zalm in de ovenschaal en bak 15-20 minuten.
d) Giet de andere helft van het mengsel in een kleine tot middelgrote pan en breng aan de kook. Roer het mengsel vervolgens continu gedurende 5 minuten of tot de saus dikker wordt.
e) Giet de saus over de zalm. Garneer met vers gehakte koriander of lente-ui.

70. Zalm met Chili Kokossaus

Porties: 6 porties

Ingrediënten:
- 6 zalmfilets
- 2 Eetlepels ongezouten boter
- 1 Eetlepels extra vergine olijfolie
- 4 teentjes knoflook, fijngehakt
- 4 eetlepels witte ui, fijngehakt
- 1 gemberknop van 1 inch, geraspt
- 2 kopjes pure kokosmelk
- 2 Eetlepels rode chilipepers, grof gesneden
- 3 eetlepels koriander, gehakt
- Zout en peper naar smaak

Routebeschrijving:
a) Kruid de zalmfilets met versgemalen peper en zout.
b) Verhit op laag tot middelhoog vuur de boter en de olijfolie en doe de knoflook, ui en gember er onmiddellijk in een grote pan bij. Roer voortdurend en kook gedurende 2 minuten of tot deze smaakmakers geurig worden. Voeg de chilipepers toe voor een pittige kick.
c) Giet langzaam de kokosmelk erbij en breng aan de kook. Laat dit 10 minuten sudderen of tot de saus dikker wordt.
d) Giet in een aparte koekenpan wat olijfolie en leg de zalmfilets. Kook elke kant gedurende 5 minuten op laag vuur. Pas op dat u de filets niet verbrandt en leg ze onmiddellijk op een serveerschaal.
e) Giet de pittige kokossaus over de zalmfilets. Bestrooi met vers gehakte koriander voor een kwijlwaardig uiterlijk.

71. Paprika Gegrilde Zalm Met Spinazie

Porties: 6 porties

Ingrediënten:
- 6 roze zalmfilets, 2,5 cm dik
- ¼ kopje sinaasappelsap, vers geperst
- 3 theelepel gedroogde tijm
- 3 eetlepels extra vergine olijfolie
- 3 theelepels zoete paprikapoeder
- 1 theelepel kaneelpoeder
- 1 Eetlepels bruine suiker
- 3 kopjes spinaziebladjes
- Zout en peper naar smaak

Routebeschrijving:
a) Bestrijk de zalmfilets aan elke kant licht met wat olijfolie en breng op smaak met paprikapoeder, zout en peper. Zet 30 minuten op kamertemperatuur weg. De zalm de paprikarub laten absorberen.
b) Meng in een kleine kom het sinaasappelsap, de gedroogde tijm, het kaneelpoeder en de bruine suiker.
c) Verwarm de oven voor op 400F. Breng de zalm over naar een met folie beklede bakvorm. Giet de marinade bij de zalm. Kook de zalm gedurende 15-20 minuten.
d) Voeg in een grote koekenpan een theelepel extra vergine olijfolie toe en kook de spinazie ongeveer een paar minuten of tot ze geslonken is.
e) Serveer de gebakken zalm met spinazie apart.

72. Zalmteriyaki met groenten

Porties: 4 porties

Ingrediënten:
- 4 zalmfilets, vel en graatjes verwijderd
- 1 grote zoete aardappel (of gewoon aardappel), in hapklare stukjes gesneden
- 1 grote wortel, in hapklare stukjes gesneden
- 1 grote witte ui, in partjes gesneden
- 3 grote paprika's (groen, rood en geel), gehakt
- 2 kopjes broccoliroosjes (kan worden vervangen door asperges)
- 2 Eetlepels extra vergine olijfolie
- Zout en peper naar smaak
- Lente-uitjes, fijngehakt

Teriyaki-saus
- 1 kopje water
- 3 Eetlepels sojasaus
- 1 Eetlepels knoflook, fijngehakt
- 3 eetlepels bruine suiker
- 2 Eetlepels pure honing
- 2 eetlepels maïszetmeel (opgelost in 3 eetlepels water)
- ½ Eetlepels geroosterde sesamzaadjes

Routebeschrijving:
a) Klop in een kleine koekenpan de sojasaus, gember, knoflook, suiker, honing en water op laag vuur. Roer voortdurend totdat het mengsel langzaam kookt. Roer het maïzenawater erdoor en wacht tot het mengsel dikker wordt. Voeg de sesamzaadjes toe en zet opzij.
b) Vet een grote ovenschaal in met ongezouten boter of kookspray. Verwarm de oven voor op 400F.

c) Doe alle groenten in een grote kom en besprenkel met olijfolie. Meng goed totdat de groenten goed bedekt zijn met olie. Breng op smaak met versgemalen peper en een beetje zout.
d) Breng de groenten over naar de ovenschaal. Verdeel de groenten naar de zijkanten en laat wat ruimte vrij in het midden van de ovenschaal.
e) Leg de zalm in het midden van de ovenschaal. Giet 2/3 van de teriyakisaus bij de groenten en zalm.
f) Bak de zalm gedurende 15-20 minuten.
g) Doe de gebakken zalm en geroosterde groenten op een mooie serveerschaal. Giet de resterende teriyakisaus erbij en garneer met gehakte lente-uitjes.

73. Gegrilde zalm met verse perziken

Porties: 6 porties

Ingrediënten:
- 6 zalmfilets, 1 inch dik
- 1 groot blik gesneden perziken, lichte siroopvariant
- 2 Eetlepels witte suiker
- 2 Eetlepels lichte sojasaus
- 2 eetlepels Dijon-mosterd
- 2 Eetlepels ongezouten boter
- 1 verse gemberknop van 1 inch, geraspt
- 1 Eetlepels olijfolie, extra vierge variant
- Zout en peper naar smaak
- Vers gehakte koriander

Routebeschrijving:
a) Giet de gesneden perziken af en bewaar ongeveer 2 eetlepels lichte siroop. Snijd de perziken in hapklare stukjes.
b) Leg de zalmfilets in een grote ovenschaal.
c) Voeg in een middelgrote pan de gereserveerde perziksiroop, witte suiker, sojasaus, Dijon-mosterd, boter, olijfolie en gember toe. Blijf roeren op laag vuur tot het mengsel iets dikker wordt. Voeg naar smaak zout en peper toe.
d) Zet het vuur uit en verdeel een deel van het mengsel met een rijgkwast royaal over de zalmfilets.
e) Voeg de gesneden perziken toe aan de pan en bestrijk ze grondig met het glazuur. Giet de geglazuurde perziken over de zalm en verdeel gelijkmatig.
f) Bak de zalm ongeveer 10-15 minuten in 420F. Houd de zalm goed in de gaten, zodat het gerecht niet aanbrandt.
g) Strooi er voor het serveren wat vers gehakte koriander over.

74. Zalm met Romige Pesto

Porties: 4 porties

Ingrediënten:
- 4 zalmfilets, 1 inch dik
- ¼ kopje volle melk
- ½ kopje roomkaas, vetarme/lichte variant
- 1/3 kopje basilicumpestosaus
- 2 Eetlepels extra vergine olijfolie
- Zout en peper naar smaak
- Vers gehakte peterselie

Routebeschrijving:
a) Kruid de zalm met peper en zout. Voeg wat olijfolie toe aan een grillpan en schroei de zalm gedurende 5 minuten per kant of tot hij gaar is.
b) Leg de zalmfilets op een serveerschaal.
c) Verhit wat olijfolie in een middelgrote pan, voeg de pestosaus toe en kook gedurende 2 minuten.
d) Roer de melk en roomkaas erdoor en meng alles door elkaar. Blijf roeren tot de roomkaas volledig is gesmolten met de pestosaus.
e) Giet de romige pesto bij de zalm. Garneer met vers gehakte peterselie.

75. Zalm-avocadosalade

Porties: 4 porties

Ingrediënten:
- 4 zalmfilets, zonder vel
- 3 middelgrote avocado's
- ½ kopje komkommer, in dunne plakjes gesneden
- Zout en peper naar smaak
- 300 gram slablaadjes (sla, rucola en waterkers)
- Handvol vers gehakte muntblaadjes
- ½ rode ui, in dunne plakjes gesneden
- 4 Eetlepels pure honing
- 3 eetlepels extra vergine olijfolie
- 3 eetlepels citroensap, vers geperst

Routebeschrijving:
a) Kruid de zalm lichtjes met zout en peper.
b) Bak of gril de zalm in 420F gedurende 15-20 minuten of tot de gewenste gaarheid. Zet een tijdje opzij.
c) Meng het citroensap, de honing en de olijfolie in een grote slakom. Breng op smaak met peper en zout en pas eventueel de smaak aan.
d) Snijd de avocado's in hapklare stukjes en doe ze in de slakom.
e) Voeg de groene salade, rode ui en muntblaadjes toe aan de kom.
f) Snij de zalmfilets in hapklare stukjes. Gooi ze in de kom. Meng alle ingrediënten goed.

76. Zalm Groentensoep

Porties: 4 porties

Ingrediënten:
- 2 zalmfilets, vel verwijderd en in hapklare stukjes gesneden
- 1 ½ kopje witte ui, fijngehakt
- 1 ½ kopje zoete aardappel, geschild en in blokjes gesneden
- 1 kopje broccoliroosjes, in kleine stukjes gesneden
- 3 kopjes kippenbouillon
- 2 kopjes volle melk
- 2 eetlepels bloem voor alle doeleinden
- 1 theelepel gedroogde tijm
- 3 eetlepels ongezouten boter
- 1 laurierblad
- Zout en peper naar smaak
- Platte peterselie, fijngehakt

Routebeschrijving:
a) Kook de gesnipperde ui in ongezouten boter tot ze glazig is. Roer de bloem erdoor en meng goed met de boter en de ui. Giet de kippenbouillon en melk erbij en voeg dan de zoete aardappelblokjes, laurier en tijm toe.
b) Laat het mengsel 5-10 minuten sudderen, terwijl u af en toe roert.
c) Voeg de zalm- en broccoliroosjes toe. Kook vervolgens 5-8 minuten.
d) Breng op smaak met peper en zout en pas de smaak aan indien nodig.
e) Doe het in kleine individuele kommen en garneer met gehakte peterselie.

77. Romige pasta met gerookte zalm

Porties: 2 porties
Ingrediënten:
- 2 grote gerookte zalmfilets, in kleine stukjes en beetjes gesneden
- ¾ kopje geraspte Parmezaanse kaas
- ½ kopje crème voor alle doeleinden
- 1 grote rode ui, fijngehakt
- 3 eetlepels ongezouten boter
- 2 Eetlepels verse knoflook, fijngehakt
- 2 Eetlepels volle melk
- 1 Eetlepels extra vergine olijfolie
- 250 gram fettuccine of spaghettinoedels
- Zout en peper naar smaak
- Verse peterselie als garnering

Routebeschrijving:
a) Breng op middelhoog vuur een middelgrote tot grote pan water aan de kook. Voeg vervolgens de fettuccine (of spaghettinoedels) toe en laat deze 10-12 minuten koken of tot hij nog stevig is als je hem beet. Bewaar een half kopje pastawater en zet opzij.
b) Smelt boter en olijfolie in een grote koekenpan. Voeg de ui en knoflook toe en kook tot de ui glazig wordt.
c) Voeg de room en de melk toe en breng langzaam aan de kook.
d) Roer de Parmezaanse kaas erdoor en blijf de saus roeren tot de kaas goed is gemengd met de saus. Breng op smaak met versgemalen peper.
e) Voeg langzaam het pastawater toe aan de saus en breng langzaam aan de kook. Zet het vuur uit als er zich belletjes beginnen te vormen.
f) Giet de pastanoedels goed af en doe ze in de pan. Meng de pasta en de saus goed en voeg dan de vlokken rookzalm toe.
g) Serveer onmiddellijk warm en garneer met vers gehakte peterselie en geraspte Parmezaanse kaas.

78. Zwartgeblakerde zalm met gemengde groenterijst

Porties: 4 porties

Ingrediënten:
Zalm
- 4 zalmfilets, vel verwijderd
- 1 theelepel zoete paprika
- 1 theelepel gedroogde oregano
- 1 theelepel gedroogde tijm
- 1 theelepel komijnpoeder
- ½ theelepel gemalen venkel
- 1 Eetlepels extra vergine olijfolie
- 1 Eetlepels ongezouten boter

Rijst
- 2 kopjes jasmijnrijst
- 3 ½ kopjes water
- ½ kopje zoete maïs
- 1 grote witte ui, fijngehakt
- 1 grote groene paprika, fijngehakt
- ½ kopje korianderblaadjes, fijngehakt
- ¼ kopje lente-ui, fijngehakt
- ½ kopje zwarte bonen, goed uitgelekt
- ½ theelepel gerookte Spaanse paprika
- 2 Eetlepels limoensap, vers geperst
- 1 Eetlepels extra vergine olijfolie

Routebeschrijving:
a)   Meng in een ondiepe middelgrote kom alle kruiden voor de zalm. Breng lichtjes op smaak met zout en peper en pas de smaak aan naar eigen voorkeur. Bestrijk elke zalm met het kruidenmengsel. Zet opzij en laat de zalm alle smaken opnemen.

b) Verhit olijfolie in een middelgrote pan op laag vuur. Voeg ui, zoete maïs en paprika toe; roer tot de ui glazig wordt. Voeg de paprika toe en roerbak 2 minuten. Giet het water erbij en voeg jasmijnrijst toe. Breng langzaam aan de kook en dek de pan af. Kook gedurende 15-20 minuten of tot de rijst al het water volledig heeft opgenomen. Zet 5 minuten opzij.

c) Roer de zwarte bonen, koriander, lente-ui en limoensap door de gekookte rijst. Meng grondig.

d) Verhit olijfolie en boter in een koekenpan op middelhoog vuur. Kook de zalm 8-10 minuten aan elke kant.

e) Doe ze samen met de gemengde groenterijst in een serveerschaal.

79. Gemberzalm met honingmeloensalsa

Porties: 4 porties

Ingrediënten:
- 4 zalmfilets, zonder vel
- 2 kopjes honingmeloen, in kleine blokjes gesneden
- 2 Eetlepels citroensap, vers geperst
- ¼ kopje korianderblaadjes, vers gehakt
- 2 Eetlepels muntblaadjes, fijngehakt
- 1 theelepel rode chilivlokken
- 3 eetlepels verse gember, geraspt
- 2 theelepel kerriepoeder
- 2 Eetlepels extra vergine olijfolie
- Zout en witte peper naar smaak

Routebeschrijving:
a) Combineer honingmeloen, koriander, munt, citroensap en chilivlokken in een middelgrote kom. Breng op smaak met peper en zout en pas indien nodig de kruiden aan.
b) Zet de salsa minimaal 15 minuten in de koelkast.
c) Meng in een aparte kom geraspte gember, kerriepoeder, zout en peper. Verdeel dit mengsel aan elke kant van de zalmfilets.
d) Zet 5 minuten opzij zodat de vis kan marineren.
e) Verhit olijfolie op laag tot middelhoog vuur. Kook de zalm 5-8 minuten aan elke kant of tot de vis in het midden ondoorzichtig wordt.
f) Serveer de zalm met de gekoelde meloensalsa ernaast.

80. Zalm op Aziatische wijze met noedels

Porties: 4 porties

Ingrediënten:

Zalm
- 4 zalmfilets, vel verwijderd
- 2 Eetlepels geroosterde sesamolie
- 2 Eetlepels pure honing
- 3 eetlepels lichte sojasaus
- 2 Eetlepels witte azijn
- 2 Eetlepels knoflook, fijngehakt
- 2 Eetlepels verse gember, geraspt
- 1 theelepel geroosterde sesamzaadjes
- Gesnipperde lente-ui ter garnering

Rijst noedels
- 1 pakje Aziatische rijstnoedels

Saus
- 2 Eetlepels vissaus
- 3 eetlepels limoensap, vers geperst
- Chili vlokken

Routebeschrijving:

a) Meng voor de zalmmarinade sesamolie, sojasaus, azijn, honing, gehakte knoflook en sesamzaadjes. Giet het mengsel bij de zalm en laat de vis 10-15 minuten marineren.

b) Leg de zalm in een ovenschaal, die licht ingevet is met olijfolie. Kook gedurende 10-15 minuten in 420F.

c) Terwijl de zalm in de oven staat, kook je de rijstnoedels volgens de aanwijzingen op de verpakking. Laat goed uitlekken en doe het in individuele kommen.

d) Meng de vissaus, het limoensap en de chilivlokken en giet dit bij de rijstnoedels.

e) Beleg elke noedelkom met versgebakken zalmfilets. Garneer met lente-uitjes en sesamzaadjes.

81. Citroenachtige rijst met gebakken zalm

Porties: 4 porties

Ingrediënten:

Rijst
- 2 kopjes rijst
- 4 kopjes kippenbouillon
- ½ theelepel witte peper
- ½ theelepel knoflookpoeder
- 1 kleine witte ui, fijngehakt
- 1 theelepel fijn geraspte citroenschil
- 2 Eetlepels citroensap, vers geperst

Zalm
- 4 zalmfilets, graatjes verwijderd
- Zout en peper naar smaak
- 2 Eetlepels extra vergine olijfolie

Dille Saus
- ½ kopje Griekse yoghurt, magere variant
- 1 Eetlepels citroensap, vers geperst
- 1 Eetlepels lente-ui, fijngehakt
- 2 eetlepels verse dilleblaadjes, fijngehakt
- 1 theelepel verse citroenschil

Routebeschrijving:
a) Meng alle ingrediënten voor de dillesaus in een kleine kom. Zet minimaal 15 minuten in de koelkast.
b) Breng de kippenbouillon in een middelgrote pan aan de kook. Voeg de rijst, knoflook, ui en witte peper toe en roer voorzichtig.
c) Dek de pan af en kook tot de rijst alle kippenbouillon heeft opgenomen.

d) Net als de bouillon eindelijk is opgenomen, voeg je de citroenschil en het sap toe en roer je goed door elkaar. Doe het deksel terug en kook de rijst nog 5 minuten.

e) Verhit olijfolie in een grote koekenpan op laag vuur. Breng de zalm vóór het bakken op smaak met zout en peper. Kook de zalm 5-8 minuten aan elke kant of tot de gewenste gaarheid.

f) Serveer de gebakken zalm met rijst en saus.

82. Pastasalade met zalm en avocado uit Alaska

Opbrengst: 4 porties

Ingrediënt
- 6 ons Droge pasta
- 1 blik Alaskazalm
- 2 eetlepels Franse dressing
- 1 bosje groene ui; dun gesneden
- 1 Rode paprika
- 3 eetlepels koriander of peterselie; gehakt
- 2 eetlepels Lichte mayonaise
- 1 limoen; geperst en de schil geraspt
- 1 eetlepel Tomatenpuree
- 3 Rijpe avocado's; in blokjes gesneden
- ½ kopje zure room
- Slablaadjes om op te serveren
- Paprika naar smaak

Routebeschrijving:
a) Kook de pasta volgens de aanwijzingen op de verpakking. Giet af en meng met de Franse dressing. Laat afkoelen. Laat de zalm uitlekken en schilferen. Voeg toe aan de pasta met de groene uien, gesneden paprika en koriander.

b) Meng het limoensap en de geraspte schil, de mayonaise, de zure room en de tomatenpuree tot alles goed gemengd is. Meng de pastasalade met de dressing. Breng op smaak met zout en peper; afdekken en afkoelen. Gooi de avocado's voor het serveren voorzichtig door de salade.

c) Schep de salade op een bedje van slablaadjes. Bestrooi met paprikapoeder ter garnering.

84. Gerookte zalm, komkommer en pastasalade

Opbrengst: 3 porties

Ingrediënt
- 3 ons dunne spaghetti; gekookt
- ½ Komkommer; in vieren/gesneden
- 3 grote takjes verse dille
- 1 kopje bladsla; gescheurde hapgrootte
- 1 of 2 groene uien met wat toppen; gesneden
- 3 ons gerookte zalm; in vlokken (maximaal 4)
- ¼ kopje Vetvrije of magere zure room
- 2 eetlepels vetvrije yoghurt; (vlak)
- 1 eetlepel Citroensap
- 1 Tomaat; in wiggen
- Takjes verse peterselie

Routebeschrijving:
a) Kook pasta in kokend gezouten water. Meng ondertussen de rest van de salade-ingrediënten in een middelgrote kom en bewaar een paar zalmvlokken om als garnering te gebruiken. Meng de ingrediënten voor de dressing in een kleine kom.
b) Meng de afgekoelde pasta met de rest van de salade-ingrediënten. Voeg de dressing toe en roer lichtjes om te mengen. Garneer met achtergehouden zalmvlokken, tomaten en peterselie. Chill.
c) Haal het 10 minuten voor het serveren uit de koelkast.

85. Gekarameliseerde zalm over een warme aardappelsalade

Opbrengst: 4 porties
Ingrediënt
- 2 eetlepels olijfolie
- ½ pond gemalen andouille-worst
- 2 kopjes julienne-uien
- 1 zout; proeven
- 1 versgemalen zwarte peper; proeven
- 1 eetlepel gehakte knoflook
- 2 pond witte aardappelen; geschild, in kleine blokjes,
- 1 en gaar gekookt
- ¼ kopje creoolse mosterd
- ¼ kopje gehakte groene uien; alleen het groene gedeelte
- 8 zalmfilets
- 1 bayou-ontploffing
- 2 kop kristalsuiker
- 2 eetlepels fijngehakte verse peterselieblaadjes

Routebeschrijving:

a) Voeg in een grote koekenpan, op middelhoog vuur, een eetlepel olie toe.

b) Als de olie heet is, voeg je de worst toe. Bak de worst 2 minuten bruin. Voeg de uien toe. Breng op smaak met zout en peper. Fruit de uien gedurende 4 minuten of tot ze gaar zijn. Roer de knoflook en aardappelen erdoor.

c) Breng op smaak met zout en peper. Blijf 4 minuten sauteren. Roer de mosterd en groene uien erdoor. Haal van het vuur en zet opzij. Kruid beide zijden van de zalm met Bayou Blast.

d) Haal de zalm door de suiker en bedek hem volledig. Verhit de resterende olie in twee grote koekenpannen. Voeg de zalm toe en bak ongeveer 3 minuten aan elke kant of tot de zalm gekarameliseerd is.

e) Schep de warme aardappelsalade in het midden van elk bord. Leg de zalm op de salade. Garneer met peterselie.

86. Gestolde zalmsalade

Opbrengst: 6 porties

Ingrediënt
- 2 eetlepels Gelatine zonder smaak
- ¼ kopje Koud water
- 1 kopje kokend water
- 3 eetlepels Vers geperst citroensap
- 2 kopjes Zalmvlokken
- ¾ kopje Saladedressing of mayonaise
- 1 kopje In blokjes gesneden selderij
- ¼ kopje Gehakte groene paprika
- 1 theelepel Gehakte ui
- ½ theelepel zout
- 1 scheutje Peper

Routebeschrijving:

a) Maak de gelatine zacht in koud water; voeg kokend water toe en laat het vervolgens grondig afkoelen. Voeg citroensap, zalm, saladedressing of mayonaise en kruiden toe.

b) Giet het in een ingevette vorm en laat afkoelen tot het stevig is. Opbrengst: 6 porties.

87. Koele zalmliefhebberssalade

Opbrengst: 4 porties

Ingrediënt
- 1 pond gekookte konings- of cohozalm; in stukken gebroken
- 1 kop Gesneden bleekselderij
- ½ kopje Grof gesneden kool
- 1¼ kopje mayonaise of saladedressing; (tot 1 1/2)
- ½ kopje Zoete augurkensaus
- 1 eetlepel Bereide mierikswortel
- 1 eetlepel Fijngesneden ui
- ¼ theelepel zout
- 1 scheutje Peper
- Sla blaadjes; romaine bladeren of andijvie
- Gesneden radijsjes
- Dille-augurk plakjes
- Broodjes of crackers

Routebeschrijving:
a) Gebruik een grote mengkom en meng de zalm, selderij en kool voorzichtig door elkaar.
b) Roer in een andere kom de mayonaise of saladedressing, de augurksaus, mierikswortel, ui, zout en peper door elkaar. Voeg het toe aan het zalmmengsel en roer het door elkaar. Bedek de salade en laat afkoelen tot het serveren (maximaal 24 uur).
c) Bekleed een slakom met groen. Schep het zalmmengsel erin. Garneer met radijsjes en dille-augurken. Serveer de salade met broodjes of crackers.
d) Voor 4 hoofdgerechten.

88. Salade van dillezalm

Opbrengst: 6 porties

Ingrediënt
- 1 kopje gewone magere yoghurt
- 2 eetlepels Fijngehakte verse dille
- 1 eetlepel Rode wijnazijn
- Zout en versgemalen peper
- 1 zalmfilet van 2 pond (2,5 cm dik), ontdaan van huid en pezen
- 1 eetlepel Canola-olie
- ½ theelepel zout
- ½ theelepel Versgemalen peper
- 1 middelgrote komkommer
- Krullende bladsla
- 4 rijpe tomaten; fijn gesneden
- 2 middelgrote Rode uien; geschild en in dunne plakjes gesneden en in ringen verdeeld
- 1 Citroen; in de lengte gehalveerd en in dunne plakjes gesneden

Routebeschrijving:
a) Maak de dressing: Roer de yoghurt, dille, azijn, zout en peper door elkaar. In de koelkast bewaren. Maak de salade: Bestrooi de zalm aan beide kanten met olie, zout en peper.
b) Verwarm de grill tot deze zeer heet is. Leg de zalm op de grill en bak, afgedekt, tot hij schilfert, ongeveer $3\frac{1}{2}$ minuut aan elke kant. Breng over naar een serveerschaal en laat minimaal 5 minuten rusten. Snijd in plakjes van een halve centimeter.
c) Doe de zalm in een kom en meng met de dressing. Dek af en koel. Vlak voor het serveren de komkommer schillen en in de lengte doormidden snijden. Schraap met een kleine lepel door het midden om de zaadjes te verwijderen. In dunne plakjes snijden.
d) Schep het zalmmengsel in het midden van een grote schaal, bekleed met slablaadjes. Omring met komkommer, tomaten, uien en schijfjes citroen. Garneer eventueel met extra dille.

89. Zalm met knapperige kruiden en oosterse salade

Opbrengst: 1 porties

Ingrediënt
- 160 gram Zalmfilet
- 5 gram Chinees Vijfkruidenpoeder
- 15 milliliter sojasaus
- 10 gram Tomaat; In blokjes gesneden
- 2 theelepels Vinaigrette
- 20 milliliter olijfolie
- 40 gram Gemengde Slablaadjes
- 5 gram Gefrituurde Basilicum, Koriander, Peterselie
- 10 gram waterkastanjes; Gesneden
- 10 gram gepelde rode en groene paprika's; Julienne
- Zout en zwarte peper

Routebeschrijving:
a) Zalm marineren in sojasaus en vijfkruiden. Bak ze in een beetje olijfolie en bak ze langzaam aan beide kanten.
b) Kleed saladeblaadjes aan. Zet de waterkastanjes op een bord, garneer met zalm en schik de slablaadjes eromheen met peper.

90. Salade van eilandzalm

Opbrengst: 1 portie

Ingrediënt
- 8 ons Zalm of andere stevige visfilets
- 1 eetlepel olijfolie
- 1 eetlepel limoen- of citroensap
- 1 theelepel Cajun- of Jamaicaanse Jerk-kruiden
- 6 kopjes Gescheurde gemengde groenten
- 2 medium sinaasappelen; geschild en in stukken gesneden
- 1 kopje Aardbeien; gehalveerd
- 1 middelgrote avocado; gehalveerd, zonder zaadjes, geschild, in plakjes gesneden
- 1 middelgrote mango; gezaaid, geschild, in plakjes gesneden
- $\frac{1}{4}$ kopje gehakte macadamianoten of amandelen; geroosterd
- Tortillaschalen
- Dragon-karnemelkdressing
- Kalkschillen krullen

Routebeschrijving:

a) Bestrijk de vis met olie, besprenkel met limoen- of citroensap en kruiden. Leg het in een ingevette grillmand. Grill gedurende 4-6 minuten voor elke $\frac{1}{2}$ "dikte of tot de vis gemakkelijk uit elkaar valt, draai hem één keer. Scheur de vis in hapklare stukjes.

b) Combineer vis, groenten, sinaasappels, aardbeien, avocado en noten in een grote mengkom: roer voorzichtig om te mengen. Schep het mengsel in de tortillakommen en besprenkel met de dressing.

c) Garneer elke portie indien gewenst met een limoenschilkrul.

CONCLUSIE

Vers of bevroren, we houden allemaal van zalm! Al moeten we toegeven dat vers altijd het lekkerst is. Maar eerlijk gezegd maakt het voor deze recepten niet uit welke soort je gebruikt. Bovendien is zalm supergezond omdat het vol goede vetten zit die goed zijn voor je nagels, huid en haar; er zijn dus geen excuses om het niet te koken.

Milton Keynes UK
Ingram Content Group UK Ltd.
UKHW021428210923
429112UK00013B/595